河出文庫

霊界
五十年の記録

長田幹彦

河出書房新社

霊界

五十年の記録

◉

目次

霊界

五十年の記録

亀井霊媒の実験

何といってもあんまり長い年月のことだからよくおぼえてもいないが、ぼくが一生懸命になって心霊のことを研究しだしたのは、たしか大正三年頃からだとおもう。あるいはもっとになるかもしれない。とにかく熱心になって心霊に関する本を読みだしたのは、福来《ふくらい》（友吉《ともきち》）博士のものもむろんあったが、一番感動したのはやっぱり浅野《あさの》和三郎《わさぶろう》さんの『心霊講座』であった。今からみると大したものじゃなかったが、ぼくはすっかり感心してしまった。それから月刊雑誌としては菊花会から出していた『心霊研究』であった。これは京都出の文学士の小田秀人《おだひでと》君が主宰していた有力誌であった。小田君のことは今でこそ世間では忘れてしまっているが、「心霊界」においては忘れてはならない功労者である。ぼくなんか非常に啓蒙されもし、刺戟もされたものである。ぼくが心霊を研究するようになったのは全く同君の指導であった。一時有名だった三木清君と同級生で、しかも彼よりたしかにすぐれた詩人でもあった。彼は霊媒《れいばい》の亀井三郎《かめいさぶろう》君の熱心な支持者であった。亀井君はその当時鳴らしたもので、ぼくが心霊の不思議に感嘆したのも、彼のマカ不思議な実験をみてからであった。小田君は新宿で「菊花会」をやっていてよくぼくの家なぞも訪ねてくれたものである。それからのつきあいであるから、少くとも四十年にはなるであろう。小田君はぼくが紹介して、金沢の「真理実行会」の主宰者本城千代子《ほんじょうちよこ》女史の顧問として昨今は金沢市へいっている。やはり同会発行の雑誌『生命』を編集しているのらしい。だから今でもその雑誌に毎号掲載される心霊記事をぼくは興味ふかくよんでいる。彼の考えかたも非常に円熟してぼくは教えられることが頗《すこぶ》る多い。

　その時分から小田君は心霊研究者中でも一頭群をぬいていた。ぼくはいい人に手ほどきをしてもらったと今でもひそかに感謝している。小田君はむろん早速名霊媒の亀井三郎君をぼくの家へつれてきてくれた。二十才をいくつも出ていないくらいの青年で、どこにそんな霊能を蔵しているのかと思わせるような人柄であった。亀井君は人さえ集めてくれれば、いつでも実験をみせてくれるという。心霊実験の奇怪さはものの本で読んだり、それから『主婦之友』の主幹の石川武美《いしかわたけよし》さんが主催して度々会を催したりしていたので、ぼくもぜひ一度見たいと思っていた。丁度渡りに舟である。気の変らないうちにやってもらおうというので、その当時改造社で企画していた『映画学大系』の編集所であったぼくのオフィスで開催することにした。そこは大阪ビルディングの新館の六階である。実験などをやるにはうってつけの場所であった。貸ビルであるから、夜の六時すぎるとシインとしてしまう。前から特別に頼んでおかなければエレベーターも動かない。広さも三十畳ぐらいあって一方窓が三つついている。そこへオフィスデスクを四つ並べて、まわりに沢山椅子を集めて、とりあえず会場にした。電燈がつくともうぼくなどはソワソワして気が落着かなかった。列席者は岩波の社主の故岩波茂雄《いわなみしげお》氏、社員三、四名、それに当時アインシュタイン学者として有名だった石原純《いしわらじゆん》理学博士、杉原医学博士、他に物理学者四、五名、総数十四、五名であった。いずれも初めて実験をみようという胸をふくらました人達であった。婦人も五、六人混じっていた。

亀井君は珍らしく和服を着て、にゅッと現われた。ふところ手をしていかにもむぞうさな風態《ふうてい》である。実験従事者は全部背なかへ夜光塗料をぬった布片をつけて、他の人たちと区別した。実験はあてものから始まった。ぼくなんか先ずその最初の術でま《ま》いってしまった。亀井君はぼくが一番組しやすいとみてとったらしく、オフィスにあった或る映画雑誌をとりあげて、その中のどこのページでもいいからこっそりよんで、一行だけ人に分らないように暗記してくれと命じる。そこでぼくは小田君の持参した黒ビロード製のキャビネットの中へ入った。そのキャビネットは倉田百三《くらたひやくぞう》君がこさえて菊花会へ寄贈したものでビロードで蚊帳《かや》のような広さに四角くこしらえたものである。ぼくはその中でその映画雑誌のでたらめなページをめくり次のような個所をえらんで早速暗記した。「その時セーヌ川には老人がしずかに釣をたれていた」亀井君は暗記が出来たらそれをキャビネットの中で編集局用の原稿用紙にそっくり鉛筆で書き写せという。ぼくはその通りにやった。しかしキャビネットの中は暗くて思うように字がかけない。セーヌなんていう字は一しょくたになって、老人という字もちょっと形がわからない。あとでみると「セーヌ」という三字がかさなって、「変文」というような字になっている。それから「老人」は「志」という字にそっくりになっている。

亀井君はかいたものを渡せというのでわたした。それを彼は暗い中で一寸うえからすかしてみてやがてぼくのかいたとおりに別の紙へうつした。むろん「セーヌ」「老人」もくしゃくしゃにかさなったそのままかけた。それでぼくは字がそのまま透視されるんだということがよく分った。

そのつぎにぼくに誰か特に興味をもっている人間の名前をかけという。日本人でも西洋人でもむろん構わないという。そこでぼくは二三日前からよんでいた例のギャング、アール・カポネの伝記を思いだして、その名をカナで大きくかいた。今度はその紙をこの中で一番ぼくが信用している人に預けろという。そこでぼくは石原博士のポケットへそっとつッこんだ。亀井君はそれをそっとのぞいてみて、これは先生が一番面白い性格だと思ってそれとなく共鳴している男だろうといって、苦もなく「ネ」「ポ」「カ」と倒様《さかさま》にかいた。そしていろんな線が交錯していて、文字がよみにくかったと苦笑する。それもその箬原稿用紙だから罫線《けいせん》が幾何学的にさんざん交錯していた。そしてこの男は左頬に傷痕《きずあと》のある、四十五六のアメリカ人で、よくない性格の男ですなあ、と宙《ちゅう》でしかも鮮《あざ》やかにいってのける。

立合人もそれで一ぺんにまいってしまったのはいうまでもない。大した透視能力だというので、もう誰れも無条件に頭を下げた。

実験はまったくすばらしかった。亀井君は腕椅子《うでいす》へがん字《じ》がらめにしばりつけられた。それでもいろいろな不思議な仕事をやってのけた。ぼくの前にあったサイドテーブルの上の懐中電燈やピーピー鳴るおもちゃのラッパや人形は風のごとくに空中へ舞い上がって、夜光液をピカピカ光らせながら縦横無尽に飛行してまわった。実に壮観であった。あとでみるとそれが皆、高い天井までとどいたとみえ、方々の窓ワクや、電燈のコードにひっかかってブラブラしていたのにはまったくびっくり仰天《ぎょうてん》した。

一番おどろいたのは過去の人霊の出現であった。キャビネットの前のピラピラした幕のところへ、いきなり薄桃色《トワイライト》の光のベースがまざまざとみえてきた。その中へ突然ばか長い人の顔がもうろうと出てきた。頭には白いターバンを巻いて、顎ヒゲが黒々とみえている。一見印度人の顔らしく見えた。と、同時に暗《やみ》の天井に釣ってあったスピーカーが俄然呻《うな》り出して、まるでぼくらの聞いたこともないベンガル語をぺらぺらしゃべる。小田君の説明によるとやはりインドのヨガ僧でモゴールという人の霊だぞうである。今から何千年前かに死んだ霊で、実は亀井君の守護霊だという。

　ぼくらは色を失ってしまった。

　実験がおわると杉原医学博士は立っていって、亀井君の脈膊《みゃくはく》を計ったり、呼吸を診察したりした。脈膊は百四十、非常に呼吸が早くて、全身に発汗しているという。ぼくも喉《のど》が乾いてしようがないので、廊下へ出て水をのんだ。亀井君もやっと入神状態から醒めて、まるで夢遊病者のようにそこらをフラフラダンスして歩いていた。

　なにしろぼくはもう一言もなくて、全く恐れ入ってしまった。つまりこの一ぺんの実験にすっかり魅入られてしまったのである。ぼくばかりじゃない。石原博士や杉原博士も、その他の若い物理学者たちも、

「こんな超自然なことやられちゃ物理学も化学も何もめちゃめちゃになってしまうじゃないか」

　と、みんな息をつめてみていた。

放送局の幽霊

ぼくはそれから亀井君とも同じ霊媒の萩原君とも親しくなって、たてつづけに実験をみた。それでもあきなかった。何か変った結果が現われるとぼくはもう夢中になってよろこんだ。

何十ぺんか実験を重ねているうちに、現象の性能が霊媒の性格によってさまざまに変ってくることもよく分った。しかし一々理論的に解明したわけではなかった。そういう事実があるんだから理論はいつかは分るだろうぐらいに考えてふかく追究していかなかった。また学問的に深く掘り下げていっても、ぼくのような頭脳には分るわけがなかった。ぼくは、『霊界』（前著、大法輪閣発行）をかくまでそんな風で無我夢中ですぎてきてしまった。少々理論めいたことがいえそうになったのは、ごく最近のことである。

そこでマンネリズムな実験をはなれて、実地の現象をみようと思い出したのは十年ばかりこのかたである。何か不思議なことがあったり、死後の問題が論じられるような会合にはなるべく出席した。

ぼくは幽霊のとなりで生活しているようにいわれだしたのはそれからである。事実ぼくは何べんも幽霊や、或いはそれらしきものをこの眼でみた。たいがいの場合、説明がつかなかった。

今でも忘れないのは大正十四年、ぼくが放送局にいた時分にみた幽霊である。その時分はまだ東京中央放送局といっていて、芝の愛宕山《あたご》にあった。ぼくはそこで顧問を仰せつけられプログラムの編成に従事していた。

実はある夏、技術部員の一人があやまって三千ボルトのナマの電流の直撃をくって、まことに気の毒にも変死したのがいた。その日はとても暑かったので、ぼくは放送部員や技術部員に何か冷たいものでも御馳走しようと思って大きな西瓜と割氷を取りよせて、涼しい放送部の室でみんなでしこたまたべた。放送が始まる時間になったので、その日の当番にあたった技師のX君は、どりゃひとつやって来ようかなと独語《ひとりごと》をいって、何気ない顔で地下室の配電室へおりていった。盛夏のことだから靴をぬいで冷飯《ひやめし》ぞうりをはいていた。

まもなく配電室からは、

「大変だアッ」

「大変だアッ」

という消魂《けたたま》しい叫声が聞えてきた。びっくりして下へとんでいってみると、X君はスィッチの切りかえにつかうエボナイトの棒をもったまま、変圧器《へんあつき》の横に仰向《あおむ》けにぶったおれていた。ほかの部員たちは満身汗にまみれて、どうかして蘇生させようとあせって、涙ぐましい努力をしながら人工呼吸を施しつづけている。ぼくは階上からみていて、涙がこぼれてしまうがなかった。たった今までお互いに冗談をとばしあいながら西瓜をくっていたX君が、わずか分秒をおかないうちに幽明境《ゆうめいさかい》を異にしようとは夢にもおもいかけなかった。ぼくは無常感に圧倒されて口をきくことも出来なかった。

それから何カ月かたってからである。ぼくは用があって二階へあがっていった。二階は何処も真暗であった。ひょいと何気なくウィングのドアを引あけると、誰かが窓の向うにいる。たしかに人である。背広をきた背丈のひくい男が、窓を後に、後向きにしょんぼりたっている。帽子も何もかぶっていない。

ふっとみたときの直感によるとそれはどうみてもあの、思いもかけない変死したX君である。月が肩のあたりにさしているはずなのにそんな光はみえない。ただ暗い中にもうろうとつッ立っている。まるで不透明な影画《シルエット》である。

ぼくは眼から何かとび出したように、ぞうッとふるえた。

「うむ！　きみッ」

と思わず呼んで、そのまま一足《いっそく》とびにあわてて玄関のホールへころげおりてしまった。

そこに鍵をさげて立っていたのは小使の島田君である。島田君は青白く変テコに笑ってこれもビックリしたように、

「やあ、どなたかと思ったら先生でしたか。さっきあがっていらっしゃる音がしましたが」

と急に鳥肌だったような顔になっていく。平生から黒い顔がほんの握り拳《こぶし》ほどになってしまった。

ぼくはぎりにも我慢できなくなって、

「やあ、まだきみたち残っていたのかい」

「え、まだ遅番のアナウンサアーさんが三人、残っているんで」

と島田君はぼくの胸のところへぴったりよってきながら、口をあぐあぐさせて、

「ねえ、先生、これは秘密なんですけどね、先生、今二階で何かごらんになったんじゃないですか。あんまりけたたましく下りていらしったんで」

ぼくはもう一度ぞうッと身慄《みぶる》いして、

「いやッ、いたよ。ありゃきみ、X君じゃないのかね」

「そうなんですよ。ぼくはまた変な噂がたつといけないと思ってね。ここは公共の建物ですからね。須永君と二人で絶対に秘密にしているんです」

「きみたちもみたのかね」

「え、ときどき……」

「ほかにみた人ないの」

「いいあんばいに、宿直の連中は一人もみていないんですよ。もっともあの室へは研究会の方以外には夜は殆んど入る人はないですから。先生もしおいやでなかったら、

深夜のスタジオを一度ごらんになったらいかがですか。とても気味がわるいですよ」

ぼくはおっかなびっくりで技術室を廻ってもう一度そこへあがってみた。かんかん灯りがついているだけに却《かえ》って放送室はシインと静まりかえっている。

ふだんは何とも思っていないだけに、ぞくぞくするような変テコなものすごさである。

スタジオには、まだ人のいきれが残っていた。廊下の出口までくると、左のほうのカーテンのかげで、だしぬけにギイッというような、動物の絞《し》め殺されるような、異様な音が聞える。

「やっ、こりゃ何だね。気味がわるいじゃないですか」

島田君は白く笑ってカーテンをそッとひきながら……

「あの大太鼓が欠伸《あくび》する為なんです。皮の伸びる音なんですね。こんな晩は一層ものすごく聞えるんですよ」

ぼくはそれから幽霊というものの存在をかたく信ずるようになった。

それから霊界の遍歴は、ますます微に入り細に入っていった。いく度かトリックをかませられてぼくはずいぶん懐疑的にもなったが、それでもぼくは心霊の存在をあくまで信じて疑わない。

自殺者の霊

さて、ひるがえってはるかにわれわれの育った明治時代なるものをふりかえってみる。即ちぼくは明治二十年に生れて四十五年までその時代を生きてきたのだから、とにかく人格形成に決定的な影響を受ける一番重要な時期をそこで過ごしてきたといえないことはない。その時分の東京という都会はいったいどんなところであったろうか。ひと口にいうならみる影もない貧弱な人間の集散地にすぎないのであった。田舎よりもいくらかましだという程度である。第一照明設備や交通機関が殆んどないも同様なので、夜なぞはとても真暗でこわかった。夜は行燈《あんどん》かランプで明るくするよりほかはないのだから、「ちみもうりょう」や亡霊なぞがさかんにちょうりょうした。かわたれ時になるとあの不気味な「こうもり」が町中をヒラヒラとんで歩く。あれは今はまるでみかけないがいやな動物であった。そうすると人さらいや六部が町の暗がりにあらわれてくる。泉鏡花先生が名作『照葉狂言』をかいた野ぶすまの化物が宵闇《よいやみ》にまぎれて人の顔にぴったり吸いついて血を吸う。若い女の顔切りがはやったのもその頃であった。今夜はどこそこで横丁のお八重さんが二寸も斬られたなんて噂が毎夜のように聞えてきた。娘さんはみんなお高祖頭巾《こそずきん》をして歩いていたからそのうえから襲撃するのである。顔がおもで、尻をつくのなんか邪道であった。むろん一種の性慾犯罪であった。

ぼくの住んでいた家なんか、明治天皇の侍従長であった高辻子爵の旧邸であったから、宅地が四百坪もあり、間数が十九間もあった。昔の大名屋敷の遺物で、庭の隅には怪しげな古土蔵があったり、物置があったりして、とても化けものでも出そうなこわい家であった。晩なぞは池のはたなんかへいくのが何よりもおっかなかった。それから便所にかようのがどうにもこわかった。青い瀬戸もので出来たキンカクシが夜になるとテカテカ光って大ガマに化けてそこらをノソノソ歩くのである。下から氷のような手が現われて尻を撫でるというので書生の若いものたちまでがバタバタ遁《に》げ出してきたりする。じつにぼくらは子供心に生きた気持ちもしなかった。

山の手の屋敷町には一町内にかならず一軒ぐらい幽霊屋敷というのがあって、空家になって門が閉ったままになっていたものであった。また庭にはきまってお化け公孫樹《いちょう》があったり、お化け杉や人に似た松や、桜なぞもあったりした。

それから招魂社（靖国神社）なぞのお祭りにいくと怪奇な見世物がさかんに客をよび込んでいる。「地獄極楽《じごくごくらく》」の機械人形が人気を集めていた。ゼンマイ仕掛けで、さながら生けるがごとくに血の池地獄や正塚《しょうづか》のばばアを現出してみせる。皿屋敷のお菊の幽霊なんかもこわかった。柳の下に井筒形の井戸があって、飴を一銭かうとその底から白い振袖をきたお化けがとび出す仕掛けになっていた。

従ってわれわれ子供でも幽霊の話なんかさかんにやった。『四谷怪談』や『鍋島の猫化け』なんかその優なるものであった。

ぼくがちょうど高等科へ入った年である。ぼくの父は普通の町医者をやる片方、警視庁へ入って警察医になった。つまり医師が足りないので、住んでいた地区を中心に検疫をやったり、死体の検証をやったり、変死者の検視をやったりした。夜更けてから宿に下っている車夫をおこしにやるのが大変なので、そういう場合にはおやじはよく薬籠《やくろう》もちにぼくをつれていった。あんまり楽な仕事ではないのでぼくも弱ったが、そのかわりずいぶんもの凄い現場や怪死体をみていい経験にはなった。

一番多かったのは、国鉄の中央線でしばしば行われた轢死人の検視であった。一ぺんなぞは今の市谷《いちがや》のトンネルの入口で自殺した若い婦人の死にたちあったことがある。真暗な線路端にたって暁方《あけがた》までかん視した。生憎《あいにく》大雪がふり出して巡査までが焚火《たきび》をしてふるえているような寒さであった。父はずたずたにひき切られた手足をつぎあわせ、とにかく一個の人間にしたあげく、股間へ手を挿入して、つめたい、こりゃ経産婦だね、なぞといってぼくに記録をとらせた。恥部からは胎児が足のようなものを出していた。とても二眼とみられない凄惨な死にざまであった。

その次は門脇老夫人の自殺である。門脇氏はどこかの役所につとめていたえらい役人であった。不幸にして以前からの長い肺患で死んだので、未亡人になった夫人は絶望したあげく、短刀で喉《のど》をついて死んだのである。気性の勝った人であったので、男よりもはるかにみごとな自決をしていた。それも暁方の四時であった。ひろい庭園の竹藪の中で俯《うつむ》向けになって、喉の真中をついていた。鋒先が半分も耳の下へ突き出て血まみれになって月光に光っていた。引起して死顔をみた時のすごさ！　起したとたんに、何か唸ってゲロゲロと血へどをだした。白髪になった頭髪をふり乱したやせた顔、眼はつぶっていなかった。その面ざしは、長いこと忘れられなかった。

その次は、やはり銀行家の杉本氏の奥さんの八重房《やえふさ》さん、八重房さんは杉本氏の後妻にきたその当座から今いうノイローゼでぼくの父なぞもひどくもて余していた。ノイローゼというより、もう立派な憂鬱狂で、泣いてばかりいた。杉本氏は出張の多い役柄なので、ぼくの家で身柄を預かることになった。座敷が多いから一種の入院の形だった。八重房さんは実にきれいな人だった。まだ二十五六だった。うちではじめて振袖姿になった時には、この世の人とは思えなかった。それが何かのショックで、突然心臓マヒを起してそのまま死んだ。ぼくの母の膝へもたれかかったまま息をひきとった。警察からいろんな人がきて、吐いたものをもって帰った。ぼくはあとになって聞いたのだが、八重房さんはほんとうは毒をのんで死んだのだそうな。うちの薬室へこっそり忍び込んでストリキニーネかなんかのんだものらしい。父が急に警視庁をやめなくちゃならなくなった原因もそこにあったらしい。

八重房さんは毎晩夕飯がすむとぼくに源為朝《ためとも》が雁廻山《がんかいざん》で亡霊に逢う話をしてくれた。八重房さんは死んだらきっと出てくると何べんかいっていた。その八重房さんの幽霊はみずにあの門脇老夫人の死顔をぼくは毎夜のように幻影にみた。冷たい手でぼくをひっぱるのが何よりもこわかった。よく考えてみると、それがぼくの初めての幽霊インタビューであったのである。そのくせ八重房さんのことは生きている美人としてその後いつまでもぼくを悩ました。子供のくせに抱かれてキッスする夢ばかりみた。子供心にもきれいなお姉ちゃまだとおもってそれとなく惚れていたのかもしれない。

ぼくが中学の一年ぐらいからあの市谷で轢死した女の幽霊をよくみるようになった。どこの誰れとも分らずおやじがこりゃ経産婦だと吐き出すようにいったのが、いつまでもぼくには忘れられなかったのである。青白い股の肉や恥部の工合がぼくの性的な情操を刺戟した。女の恥部なんかみたことはなかったが、それとなく想像はしていた。

十三才のとき、ぼくの叔父さんが肺を患って糸のようにやせて死んだ。山梨県の山奥へいっていてそこで罹病したのである。東京へ出てくると北里博士のやっている養生園へ入院させられた。ぜいぜい喘息のような息ばかりしながらさんざん苦しんだあげく死んだ。火葬されて骨になってもぼくはどうしたのか何んの感じもおこらなかった。あんなに度々人間の死骸をみていながらどうも死の意義がよくのみ込めなかった。それはたしかに事実であった。

幸いにして叔父のほかにはただのひとりも近親の死者がなかったので、そうした気持ちは一層深まっていった。霊が出現するのはいつでも門脇老夫人の記憶からであった。年を経るにしたがってグロテスクな顔になっていく。切先《きっさき》が白髪の中へ突抜けている感じはだんだん変って血だらけの喉のあたりが絵のようにみえる。しまいには市谷のトンネルで轢死した女の恥部ばかりが拡大されてもやもやとこまかく幻燈画の火輪車のようになって隠見《いんけん》してくる。だからまだほんとうの幽霊をみたとはいえないのかもしれない。

ぼくが幽霊の全身をみるようになったのは、鎌倉で水死人をみてからである。明治三十六年ぐらいの時分じゃないかしら。あの盛夏の頃、別荘へきていたお嬢さんたちが浜で泳いでいて三人とも引波をくらって、同じように水を多量にのんで手当の甲斐もなく溺死体《できしたい》になってしまった。三人ともわりにきれいな人であった。口いっぱいに砂を含んで眠ったように俯向けに倒れていた。その中の一番年若らしい、黒子《ほくろ》のあるお嬢さんがそれから二三年幽霊になって現われた。尤《もっと》もぼくがその人の冷たい胸に一番余計にさわったからかもしれない。乳房をいじっていながら、あの轢死した女のように少しも猥感《わいかん》はわいて来なかった。口の感じがとても醜く、ぼくの目に残った。

三度見た霊は実在する

幽霊がはっきり口をきくようになったのは鏡花先生の作品を耽読《たんどく》するようになってからである。よくみたのはあの『黒百合』のなかの娘お雪である。ぼうッとトワイライトのようなものがまずみえて、それから飛白縞《かすりじま》の前垂をかけた娘姿がみえてくる。いつも顔が変っていた。たいがいの場合、うちにいる小間使の娘に似ていた。その時分お花という十七になる小間使がいたが、しおらしくって可愛いいので、これが代役をつとめた。その幻影もちっともこわくなかった。

ぼくの家にいた女中のなかで、一番働きもので醜婦だったりんやという婢《はしため》があった。書生の渋川とこっそり私通して、その男に捨てられたために、ぼくの家の庭の掘井戸へ身を投げて死んだのである。丁度おやじたちがたくさんで奥の間で謡曲の連吟をやっていたので誰れもちっとも気がつかなかった。ぼくは湯殿で風呂を浴びていたが、急にゴボゴボというえらい音がするので裸でとびだしていってみた。と、真暗な水の中でおそろしい物音がしている。誰れかが落ちたと気づいたのは約五分ぐらいたってからである。生憎《あいにく》暑いさかりでおやじたちの客にビールを出していたので、誰れかが井戸端へいって過って落ちたのだろうと思ってぼくはそうひどく慌《あわ》てもしなかった。りんやは生来のあわてものなので、きっとそこつをやったのだろうと、やがて蠟燭をもってきて井戸のなかをのぞいてみた。

「あッ」

と驚いたのは一しょに助けにきた別の書生である。水の中には髪の毛がぱッと渦をまいていて、まだがばがば水を吐きちらして悶える唸《う》めき声がしている。それから大騒ぎになって早速町内へ車夫や仕事師がよびにやられる。長い梯子《はしご》を入れて釣瓶《つるべ》の縄をおろして、大勢でやっと引揚げてみると、果たして全裸体になったりんやが顔一ぱいに髪毛をふりかぶって手から先ににゆッとあがってきた。そのかっこうのもの凄かったこと、まるで『四谷怪談』そっくりである。

それがそのあと三年ばかり夜になると眼にちらついて仕様がなかった。救助に時間がかかりすぎたのでりんやは残念ながらとうとう生きなかった。顔一ぱいに擦り傷が出来て、しかも方々に打撲傷があったので、全くみられた姿ではなかった。相手の渋川は使いから帰ってくるとそれッきり寝ついてしまって、十日目にりんやがおどかしにくるとうわごとに口走って、泡を吹いて死んでしまった。

ぼくの家ではそれから一七日《いちしちにち》の間供養をやったが、晩になるとお化けが出るといって近辺の人もうっかり近づかなかった。実さいその井戸の端でたしかに変なぎーッという音がよく聞えた。ぼくは何遍も聞いた。それがはじまると書生部屋にねている渋川が、きまって異様な泣き声でりんやの名を呼ぶ。ぼくらはふるえあがった。

幸い親許へひきとってもらえたのは、りんやひとりだったが、渋川の方はやたらと泡を吹いてあばれるので死ぬまでの手当が大変だった。医者であったおやじまでおびえて夜は眠らなかった。おやじも、

「おれもずいぶん死人をみたが、今度のように怨念《おんねん》を残した事件ははじめてだ」

といって、自分でも『自我偈《じがげ》』などを書写していた。

「ほんとうにこれは化けて出るな」

ともよくひとりごとをいった。

その年の秋、ぼくは重い感冒をやって二月ばかり寝た。やはり死んだ渋川と同じように深夜必ずうなされた。長勝寺《ちようしようじ》の老僧がくるようになったのはそれからである。

それでもぼくにはまだ何もわかっていなかった。やはり夜になると変なギーッという音が聞えたのは、死霊のしわざであったとおもう。井戸から引揚げられた時のあのりんやの恐ろしい形相を思い出すと、とても唯事ではすむはずがないと思った。相手の書生はたしかにとり殺されたんだとおもう。

年を老《と》るにしたがってそうした古風な因縁話がだんだん自分にもよくわかってくる。その証拠にはその渋川がもっていたりんやの写真には、小さな水玉模様が七つも八つもしらない間についていた。たしかに現像ムラではなかった。

渋川の母親もその翌年汽車から落ちて、両足を折り、それがもとで死んだ。その渋川の妹もりんやと同じ頰にいくつも赤「あざ」が出来てとうとう嫁にもいけず、紡績《ぼうせき》女工になってその翌々年死歿したそうである。

ぼくは死霊の恐ろしさをその時以来まざまざと身にしみて感じた一人である。誰れでもつぶさに調べてみればそういう経験がきっと一生のうちに一度や二度はあるものである。ぼくはそういう環境に育ったからアクがぬけきらないのだとよくひとはいうが、ぼく自身はそういういい方は決して信じない。世間では科学的な理論をのべてなんでも神経のせいだといって嘲笑《ちようしよう》するが、ぼくはいつも、

「あいつら年を老るとやがては思い知る時期がくる」

人生というものは決してりくつで割り切れるものではない。

ぼくは三度以上みた幽霊は、きっと実在すると確信している。それなら証拠をみせろと人はいうが、証拠はいくらもある。これから語る幾つかの話がそれを実証する。ただいい時機に、いい条件で実験すればたいがいの人は納得してびっくりするだろう、ただ妙な既成観念や謬想《びゆうそう》にわざわいされて、真実をみようとしないからだめなのである。

たとえ迷信であってもちっとも恥ずかしいことではないだろう。

ぼくは戯れにやる怪談会のようなものでもそのままに聞き過ごしてしまうことはほとんどない。幾日か、幾月か経ったあとで綿密にしらべてみると、きっと何か重大なヒントがかくされているものである。

あまりにも荒唐無稽《こうとうむけい》なものは困るが、初めて聞いたり、みたりする時に第一の印象をムダにのがさないように十分注意することが必要である。心霊学を研究するものの一番肝要なことは成心をもたぬことである。人間の精神現象は考えれば考えるほどマカ不思議である。常識でものを考えることの愚かさを早くさとるべきである。

「何故」ということをあまり根掘り葉掘りすることの馬鹿らしさはやがて分るであろう。

神かくし

ぼくの家の向う角に川瀬《かわせ》さんという一家が住んでいた。主人は日清戦争の時に韓国の牙山《がさん》で戦死した元軍医であった。おさむちゃんという中学へ通っている子と、波子ちゃんという女の子と未亡人と三人でいともひそやかに、チマチマと暮らしていた。未亡人は四十そこそこの人であった。その時分のことだから髪を切ってざんぎりにしていた。今の風俗なら何でもないことだが、髪の毛がないということがとりもなおさず未亡人という看板になっていた。そういう時代であった。そうかといってなにも必ずしも堅苦しい貞潔《ていけつ》な生活をしていたわけでもなかった。夕方になるとうすく白粉を匂わしたりして何処かへのこのこ出かけていく。気性のざんぐりした面白いおばさんであった。花札の遊びが殊のほか好きでいろんな骨細工のお道具や何かも一そろいも二そろいも持っていた。ぼくは小さな牙彫《げぼ》りのサイコロがとても気に入って二つももらって愛蔵していた。ぼくの家は武士気質《かたぎ》で花札なんか弄《もてあそ》ぶのをひどくきらった。おやじもおふくろも兄弟たちもみんなそうであった。

したがって雨のふる日なんか学校がすむと所在がなくてぼくは友だちの家へ遊びにいくか、その川瀬さんへ顔をだすかどっちかであった。おばさんはぼくらにこっそり花をおしえてくれた。子供だから面白がってすぐに覚えた。だんだんと家の人たちにも馴染《なじ》んでほとんど入りびたりになってしまった。一番仲よくなったのは中学へ通っている男の子の方ではなくて、波子ちゃんの方であった。年もぼくとそうちがわなかった。面長《おもなが》の、色の白い、きれいな子であった。おばさんと一しょに鎌倉なんかへ連れていってもらったこともある。七色の色紙《しきし》のたちくずで帳面をこさえて「いろは」

をかいて贈答したりした。その頃のはやりで、一種の愛情の表現であった。

その波子ちゃんがある日のこと、どうしたのか突然、急に姿をかくしてしまったのである。学校から帰ってくるとお習字のお稽古《けいこ》にいって、それからも帰ってきたのは確実であったが、そのまま家にいるとばかり思っていたのに、いざ夕方のごはんになってみると、どこを探してみても影も形もないのである。紅鼻緒《べにはなお》の駒下駄がないのであるから、外へ出たらしいのは分る。そこで慌《あわ》てもののおばさんは顔色をかえて、大騒ぎになり、ぼくも家から二キロもある波子ちゃんの友だちの家まで様子《ようす》をみにやられた。尤《もっと》もぼくの母もおばさんにおとらぬ慌てものであるからぼくの役までかって出て、麹町へぼくを引張っていったのである。

麹町の光子ちゃんというのは風邪をひいていて家で寝ていた。波子ちゃんとは大の仲好しでその日もお習字へ一しょにいって、急に頭が痛みだしたのでお医者様にみてもらってつい今しがた寝たばかりのところだというのである。

光子ちゃんにも波子のいっていそうなところの見当はつかなかった。それからも番町、飯田町《いいだまち》と方々さがしたがどこにもいなかった。ぼくのおふくろは眼の色をかえて、それでは牛込の山伏《やまぶし》町の学校の先生の家へもいってみろという。もう夜になったのでぼくは少々恐かった。山伏町というのは大きな空地のつづいた町で、ひるまでも竹藪《たけやぶ》が多くてひとりではいきにくかった。そんなところに波子ちゃんが用もないのにいくわけもなさそうであった。

やはりどッこにもいなかった。とうとうその晩は帰ってこなかった。川瀬家ばかりではなく、町中のさわぎになった。町の魚屋のおやじなんか、田舎の例をひいて、若いものに太鼓やドラをもたせ、夜更《ふ》けの町を、

「ナミ子ちゃんが神隠《かみかく》しにあった。戻ウせ、返アやせ」

とどなって方々を歩いた。それでも何の影響もなかった。

ぼくのおやじはさすがに警察関係の男だけに警視庁の老練な刑事にたのんで、正式に行方を探してもらった。どこにもいなかった。いないばかりじゃない足取も何もまるで分らないのでみんながっかりした。何のあとかたもなく、ふッと消えてしまったも同然であった。

毎日、毎日捜索はつづいた。おやじは昔のことを思いだして、川瀬家の大便所は非常に深いから、誤まって中へ落ちたのじゃないかときたない見当をつけた。前に度々そういう実例があったのである。大人にはまさかそういうことはなかったが、子供はよく便所へおちていなくなった。番町辺でも小学生がいなくなった事件があった。

そこで芋屋《いもや》のせがれで、戦争から帰ってきた勇敢なのが率先志願して川瀬家の便所へ入った。倒様《さかさま》に落ちると上へ足を突き出しているので大がいの場合あてがついた。棹《さお》を入れてみても棒をつッ込んでみても何も手ごたえがない。それでわざわざ町のお

わいやをよんで来てすっかり汲《く》んでみたが、何も出なかった。

ちょうどそれから十日ばかりたってからである。ある夕方ぼくがうちの長屋へあそびにいっていると、長松《ちょうまつ》という子供がひょろりと帰ってきて、

「今そこで川瀬さんの波子ちゃんに逢《あ》った」

と思いもつかぬことをいう。ぼくの家の長屋には侍従《じじゅう》長の時代から馬車の馬丁を入れておく小舎《こや》があって、長松はそこのひとりッ子であった。ぼくはびっくりしてどこで逢ったときくと、四辻で逢って一《いっ》しょに門のところまできたという。あわててとび出してみると馬車廻しのモクセイの木のところに白い着物をきた女の子がたっていて、たしかに細い声で、

「ミキサン……」

とぼくをよんだ。声がしたと思うともう姿が消えて、ただ瓦斯燈《がすとう》だけが、ぼんやりうごいてみえた。ほんの一瞬間である。

長松にきくと波子ちゃんはここの家のすぐそばの家にいるといっていたという。どこの家だか分らない。ぼくの家の裏門からまっすぐにいくと、こんもりした木立のむこうに大きな平家《ひらや》の邸《やしき》があった。そこで毎日毎日年寄りが集まって、ショウやヒチリキのけいこをしていた。あとで知ったのだがそれがあの雅楽《ががく》の教習所だったのであった。その教習所にもオバサンという年の頃六十四五のおばアさんがいた。何をしてい

たのかさっぱり知らなかったが、時々は謡曲《ようきょく》をうなったり、ナギナタの稽古をしたりして、ぼくらにもあたりのごついこわい人だった。おせんべ一枚くれたこともない。それだのに波子ちゃんだけはすっかりなついて、よくあそびにいっていた。今度の失《しっ》踪《そう》についてもさっそく思いつかなけりゃならないのに、誰もおばアさんのことはおくびにも出さなかった。

ぼくはきっとあの教習所のおばアさんが波子ちゃんの行方を知ってるだろうとふッと思いついた。どういうわけという理由はむろんない。長松もさんせいしたので、それから二人で、おばアちゃんのところへいってみようという気持になった。ところが晩の六時すぎるとこの溝《みぞ》のそばにあるお化け杉がこわいのでぼくらは二の足をふんだ。高さ五間ばかりの杉であったが、二度も乞食が首をつッて死んだので「教習所のお化け杉」とこわがられていたわけである。根元から三本にわかれていて、夜みるとどうにも変な姿にみえた。そこでおもてから三丁ばかり遠廻りをして教習所へいってみると、おばアさんは縫いものをしていた。波子さんのさわぎはむろん知っていたが、わたしはちっとも逢わないからいどころなんか知らない、とにべもない返事である。尤《もっと》も十日ばかり前の日の三時頃ちょっと裏から寄ったが、別に何処へいくともいっていなかった。とほんとに何にも知らないらしいようすであった。そんな嘘をつくようなおばアさんではなかった。

そこでおばアさんは自分で提灯《ちょうちん》をつけてきて真暗な溝のそばへぼくらをつれていった。教習所の裏の竹藪のとこに幅《はば》三間ばかりの水溜《みずたま》りがあった。そこはじめじめしていてふだんでも人のあまり入らないところであった。雨がふると溝は急に深くなってぼくらでもそこを飛越すのがこわかった。そこの溝尻のところに、ひょいとみると下駄が一足うかんでいる。長松と二人で竹を二本折ってきてひっかきまわしてみると、やがて下からふだん着のままの波子ちゃんがむうっと半裸体の姿で浮きあがってきた。力の何もいれなかった。ばかに軽かった。それだけにかえって気味がわるくて、ぼくらは歯をぎりぎりかんだまま腰をぬかしてしまった。

いろいろしらべてみると波子ちゃんは近道をしようと思って、そこの溝ぎわを小股《こまた》でひろい歩いて溝尻のところでうっかりするりとすべって、溝へまっさかさまに落込んだものと思うしかなかった。足痕《あしあと》もすべったあともはっきり分った。どうりで右の足の下駄が片方ぬけていた。溝は雨のあとなので馬鹿に深くなっていた。溝尻のところはとくに深くて七尺ばかりあった。そこで波子ちゃんは人にも全然知られずに溺死したのであった。そこへは二度も行っていたのだが、ついに発見出来なかったのは全く残念であった。

そこで路上で逢った長松の話である。ぼくは白い着物をきていたときいたが、ほんとうは緑色の、色のあせたメリンスをきていた。死骸もいつもと同じなりをしていた。

おかしいことには学校へいくときにはきまって風呂敷包《ふろしき》をさげていたのにそれがなかった。

水からあげて家へかついでいったが、明るいところでよくみると頬のところへ怪我《けが》をしていた。血が出ていた。たぶん溝へ落ちた時にぶったのであろう。

教習所のおばアさんはむろんそんなこととはゆめにも知らなかった。それでいてその翌日から波子ちゃんの幻聴《げんちょう》になやまされた。教習所へ幽霊が出るようになったのはそれから一月ばかりたった或る雨の日からであった。ヒチリキの上手な柴田さんは三度も四度もみた。人づてでよく分らなかったが川瀬のおばさんが様子を聞きにいった時には、波子ちゃんの幽霊はたしかに口をきく日があるという。その前の晩、例会があって夜十二時迄雅楽をやっていたが、その時に波子ちゃんの幽霊は二十分ばかり両手を耳にあてがって聴入っていたという。そうすると波子ちゃんは子供のくせに雅楽が好きだったのかも知れない。

雅楽の中には秘密で死者をひきつける秘曲《ひきょく》があるとみえ、京都のある神社の楽師もそんなことをいっていた。その曲を聞くとフラフラっと死ぬ気になるそうである。

森島左近の霊

これはぼくの十四の時の経験である。

ぼくのおやじはその頃の群馬県の知事をしていたF氏とじっこんであった。その縁《えん》故《こ》で、夏になるとぼくは兄貴と一しょに、F氏の官舎へよくあずけられた。官舎は利根川の堤畔《ていはん》にあるので、ある意味では夏場は一種の避暑的な転地にもなった。

Fさんは明治維新の頃の志士で、顔に創痕《そうこん》があったりしてちょっとものすごいお爺さんであった。晩食がすむとぼくらはいろんな昔話をきかしてもらった。ぼくは殊に知事夫人に可愛がられていたので、晩になると二階の夫人の寝室で寝せてもらった。夫人はもう六十二三であったが、自分には子供がなかったのでぼくをとても可愛がって母親も及ばないくらい大事にしてくれた。

ある晩、ぼくをそばへ引き付けて、

「なあ、あんた。まだ子供だから幽霊のほんとうの姿をみたことはあるまい。今夜わたしがあんたにみせてあげるからきっと恐がってはだめよ。男は度胸《どきょう》がだいじだから、何か変なものがみえてもだまっているのよ。人にいってもいかんよ」

夫人も頬に大きな黒子《ほくろ》があって、とてもこわい顔の人であった。ぼくは抱いて寝てもらっていて、夜半にふと眼がさめると、どうにもこわくって口もきけないことがあった。それが幽霊をみせてくれるなんていうので、ぼくはなおさら息ばかりのんでいた。

その晩は知事が県下の視察か何かにいってあいにく留守であった。ぼくはその晩だけは兄貴と一しょに寝せてもらおうと思って夫人に泣き顔でたのむと、夫人は笑って、

「あんたはお父さんに聞くと死骸《しがい》なんかみても平気だというじゃないの。もの心つく頃から、よく検視の時薬籠《やくろう》もちにつれていきましたから、わりかた性根はすわっとりますよ。ここへくる時にもお父さんは何度もそういわれとったよ」

ぼくは知事の寝る階下の奥の寝室へつれていかれた。いつも一しょに寝る婆やもいないのでぼくは一層心細かった。

寝室は二十畳くらい敷けそうな古風な洋室で、遠く大利根の水音がとうとうと聞えている。時々は砂利のくずれる変な音がまじっていた。

室の西の隅には四尺ばかりの仏壇が据《す》えてある。金の箔《はく》おきのふつうの仏壇である。黒く塗ってあった。夫人はそこの経机の前へ坐ってややしばらく読経をしていた。何の経だかしらないが、今考えると般若心経か何かじゃないかと思う。名号も何べんか

となえた。夫人はやがて名号をとなえながらそっと仏壇の扉《とびら》を開いた。燈明《とうみょう》をあげた。仏壇の中はしんとして何も聞えて来ない。線香《せんこう》をあげると急に香煙がこっちへ靡《なび》いて

きて燈明がだんだん暗くなる。

夫人は、

「まだ怨念《おんねん》が消えんとみえるな」

とそっとつぶやいて、深く息をのみながら、

「なあ、みきさん。あんた何がみえても、決して人にしゃべってならんよ。それをわたしに誓いなさい」

と厳《おごそ》かにいって、

「又消える。真暗《まっくら》になる」

と、マッチをすって待っている。火はすうっと消えた。夫人はその灯《ひ》をつけた。灯はこまかくふるえて、また消えそうにまたたく。

「なあ、あんた。これは森島左近《もりしまさこん》という武士の霊です。口でははっきりいうてはならんじゃが、その人の奥さんの霊も子供さんの霊も三人一しょじゃ。元治《げんじ》元年にいた人じゃ。わたしたちの故里で奉行《ぶぎょう》をしておった人で、維新のどさくさの時に悪いことをしてわたしたちのところの庄屋たちをいじめたんで、主人が怒って川の縁《ふち》で、討《う》ったんです。雨のふる日だったので、橋の下にかくれておってまず森島を討って、泣いて

すがりつく奥さんと子供さんも返す刀で討ったんだそうです。奥さんは森島さんのことを悔《く》やんで泣きながら舌をかんで死んだといいます。子供は手を合せて南無阿弥陀仏といって立派に斬られたそうです。それ以来、わたしの主人も命日ごとに供養をして、わるい奴だけに往生ぎわが悪くて後に念が残ってしようがない。この前の時には子供のうなる声が天井《てんじょう》の方できこえましたよ」

といって、夫人は合掌しながら火がつくように念仏を唱えだした。

燈明は四度も消えた。真暗な中で何か聞えた。知事は剣戟《けんげき》のふれる音だといっていた。維新の際には、少くとも十人以上人を斬っているが、知事は森島以外には、そう気にもしていない。先に森島の右の腕を切って、抵抗《ていこう》の出来ないようにしたのが恨めしかったのだろうと、今でもいっているそうである。その知事夫人はぼくの二十歳の時に腎臓を患って東大病院で亡《な》くなった。知事はその前に死んでいた。彼はガンであったらしい。今なら、もっと詳しいことを聞いておくはずだった。何か怨念の障りがあったかもしれない。

幽霊坂

急にぽっかり眼があいたように気になりだしたのは人間の一生ということである。人間というものは一度死んだらもうそれっきりであとは一切空になってしまうのであろうか。今迄もいろんな面で不思議には思っていたが、こんな風に適確に頭脳に浮んで来たのはその時がはじめてである。つまりレンズの焦点がだんだん合ってきたようなものである。

さアそうなるともう何から何までが不安になりだしてとてもおちおちしていられない。つまり何んといったらいいか、宇宙万般のものが急に恒久性《こうきゅうせい》や、安定感を喪失して、いても立ってもいられない感じである。その時のあのやりきれないいらいらした気持ちは今でもまるで忘れられない。まったくやりきれないせっぱつまった気持ちであった。

ぼくはもう何をするのもいやになって、黒岩涙香《くろいわるいこう》のかいた『天人論《てんじん》』ばかり耽読《たんどく》した。『天人論』というのは、人生の書であった。その時分とても流行した一種のベストセラーであった。藤村操《ふじむらみさお》という学生が人生の帰趣《きしゆ》に迷っておそろしく美文調の遺書をのこして日光の華厳《けごん》の滝へ身を投じて自殺したので、そういう種類の書の出版の流行をみたのである。

ぼくは夜になると、のこのこ起きてこっそり父親の寝室へいった。いろんな疑問が湧《わ》いてくるので、それを根ほりはほりおやじに質問した。おやじはとにかく医者としては可成《かなり》の勉強家だったのでいろんなことを知っていた。ことに神道家であり、仏教の方も多少はかじっていたので、ぼくのような幼稚な質問にはびくともしなかった。流るるがごとくに答えてくれた。即ちよき指導者であったのである。

ぼくはうれしかった。感激して泣いたこともあった。おやじは殊に明治時代の人間だから人一ばい霊というものを信じた。それをわりに巧みな表現でぼくに吹き込んでくれた。ここにも初期の心霊研究の芽があったわけである。

ぼくの家から三百メートルばかりはなれたところに名前からして変てこな「幽霊《ゆうれい》坂《ざか》」というこわい坂があった。わずか二十メートルばかりの高さであったが、まわりは古い邸《やしき》が多く、樹立《こだち》が真暗《まつくら》にしげっているので、ひるでもまるで人通りなどはなかった。そのうえには山階宮《やましなのみや》様の御殿と称するものがあり、庭園に五十三次の景色を模した細川侯爵邸なぞもあり、そこからずっと招魂社《しようこんしや》の境内《けいだい》につづいているので人はおそれてあまり近よらなかった。

その坂の中途に桐岡《きりおか》という邸があった。どこかの国の家老か何かしていた人の旧居であった。そこへ毎年年老《と》った植木屋が入るので、ぼくらも顔だけは見知っていた。こんもりあたりが暗くなってくると、そのおやじのつかう木鋏《きばさ》みの音がチョキチョキしずかに聞えてくる。五六間の大木へも平気でのぼって仕事をするので、危くてみていられなかった。杉の木が多かったのでぼくらもハラハラしていた。とある日の夕方、みんなが騒ぐのでいってみると、植木屋のおじさんははたして梢《こずえ》からおちて、溝端《みぞばた》の切り石で後頭部をわって死んでいた。ぼくがいった時分にはまだ息があったが、あんまり出血がひどかったのかやがて死んでしまった。

それから二三日たつと、どこから来たのかおばアさんの乞食がきて、いつとも知らない間におじいさんの死んだ切石のところへ二時間も三時間もしゃがんでお念仏をあげていく、かえる時に思いだしたように竹皮包みをおいていく。それには握飯《にぎりめし》がきまって三つずつ入っていた。

それでなくても何か噂《うわさ》をたてたい場所だからたちまちにしてお化《ば》けが出るといい出した。あの植木屋のおじさんがいつものなりをして、あの切石のところへしょんぼりしゃがんでいるという。ぼくもいってみたが、夕方がもう暗くなるとたしかに何かがいる。おッかなびっくり及び腰でみてくるからどうも何んだかわからない。たしかに人は人である。

そこで長勝寺《ちょうしょうじ》の年老った和尚さんにきいてみるとそれはたしかにあの植木屋の霊であるという。とッつかれると大変だからお念仏をとなえながらなるべくそばへよって、わしの珠数《じゅず》でぶっておやりなさい。念仏さえとなえていればそばによっても何もしないからといってくれる。

ぼくは翌晩書生と二人でいってみた。瓦斯燈《がすとう》も何もついていないのに、どこからかぽうッと光みたいなものがさしてくる。ほそい両腕《りょううで》でつッかいぼうをして、しくしく泣いているのはたしかに植木屋であった。ぼくは前後不覚にわっと叫んで坂の下へ一目散にかけ下りた。その時に長勝寺の和尚さんからかりた珠数を幽霊めがけて投げつけてしまった。書生もせきあげて何もみてはいなかったらしい。

その翌晩はしとしと雨がふっていた。ぼくはどうにも幽霊の姿がみたくてたまらない。だが一人ではとてもおッかなくて坂の方角へは足がむかないので、その晩は書生と三人づれで出かけた。二人とも相当おくびょうものだったが、それでも口笛なんぞ吹きながら、変につよがってついてきた。

坂をあがって現場へいくと、どぶのはたに何か黒いぼやけた影みたようなものが、しょんぼり立っている。どうも植木屋の爺いさんらしい。ぼくはどきどきする胸をおさえながらじッとみていた。黒い影が三つにも四つにもかさなってぶるぶるふるえてみえる。

やがてその黒影が少し身動《みじろ》ぎをした。手を動かしたようだった。と、書生の一人がとたんにぎゃッとおびえて、くたっくたっと路のうえへ坐ってしまった。ぼくはむろん逃げ腰でかえりかけたが、書生をおっぽり出していくわけにもいかない。書生の名をよびながら、うっかりその肩へ右の手をかける。とそのときすぐぼくの足許に何かがおちてきたような気がした。ぼくらはその時分七八人で探険隊というものを組織して、ふだんよく方々に探険にいった。お化け屋敷はむろんのこと、何かこわいところとか、わけのわからぬ伝説のある場所なんかへも、ものずきでよく出かけた。奥多摩の日原《にっぱら》の鍾乳洞《しょうにゅうどう》や怪竜《かいりゅう》がすむという不動の滝へもいった。だから今でいうザイルや手製のピッケルや手さげランタンなどの探険用具も少しずつそろえていた。

その晩もランタンをもっていったのでおずおずランプへ灯《ひ》を入れた。と、すぐ眼と鼻のところに何かがおちている。変に白く光ったのでよくみるとそれは昨晩の珠数であった。長勝寺の和尚がもっていたとおり二つにひねってあった。しかもその晩は握り飯が一つになっていた。長勝寺がいうとおり餓鬼《がき》がくうのかもしれなかった。

何をするのもこわいので、ぼくらは一しょにわッとさわいで先をあらそいながらうちへ帰ってきた。おやじにうんと叱《しか》られた。そんなものをみるとただごとではすまない。何かきっとたたりがあると、おやじもおふくろも色をなして叱った。

幽霊坂のとなりの小路に桜井という巡査あがりの口の少ないこわいおじさんがいた。

そこに二十一二の和田さんという女食客がいた。いつ頃からいたかぼくは知らないが、何んでもその前の年にも一しょに招魂社へつれていってもらったから、もうその時分にはずっといたのであろうと思う。血肥《ちぶと》りのした、よりやさしい娘さんで、とてもぼくを可愛がってくれた。職業学校へでも通っていた女学生ででもあったらしく、午後になって帰ってくると玄関のとなりの小部屋へまわって、刺繍台《ししゅうだい》によって青い糸や紫の糸できれいな刺繍をしていた。ぼくはそのかっこうがとてもすきだった。

ところがその和田さんの弟さんというのが、その年の春兵隊にとられて九段の兵営へ入った。色の白い、丸ンまるッちい可愛らしい兵隊さんだった。兵隊なら誰れでも好きになれる年頃だからぼくは鉄砲のおもちゃをかってもらって、裏の桐畑でよくちょうれんごっこをして遊んだ。その日はぼくも学校が休みだったし、和田さんのお兄いちゃんも休みだったので、二人は和田さんをさそって一しょに上野の動物園へ遊びにいくつもりだった。と、午前の間に和田さんのお兄いちゃんは突然大怪我をして衛戍《えいじゅ》病院へ入れられてしまった。隼《はやぶさ》町の病院へいってみると顔を半分わられてもう死んでいた。

九段の坂は急で長いので、昔からたちんぼと称するおじさんがおおぜいいて車を後からうンさうンさと押しあげていた。その頃はたちン坊が百人ぢかくもいた。今のニコヨンさんのような存在である。そのたちン坊が材木をたくさんつんだ荷車を押しあげていて、坂の中途でかじをとりちがえた。荷車ははずみをくって斜《ななめ》に坂を横ぎって、非常な勢で坂下へむかってころげおちた。あすこにあった長い長い石塀《いしべい》と門柱のところでもんどりうって、むざんにも和田さんを圧し殺ろしてしまったのであった。ぼくらが和田さんのお姉ちゃんと一しょにいった時には創所《きずどころ》に膏薬《こうやく》を貼って、元気のいい和田二等兵は動かなくなっていた。

あまりにも意外な出来事なのでほんとうのこととは思えなかった。第二装用の軍服に血だらけな大きな穴があいていたのでかろうじて負傷のことをたしかめたくらいであった。その和田二等兵がそれから十日ばかりたってから突然桜井さんの家へ幽霊になって出たのである。それはぼくもみた。桜井さんは晩さんの時に毎晩きまって晩酌《ばんしゃく》をやるので、その日も台所のとなりの六畳で酒をのんでいた。そこへ浴衣《ゆかた》のまま和田二等兵がひょろり入って来て、ぼくはもう食事は兵営でやってきたから「おかちん」をやいてくれという。桜井さんはよく帰ってきてくれたとよろこんで、長火鉢で餅をやきだした。三つばかり焼けた。で皿に盛ってもっていくと六畳には誰れの姿もみえない。むろん下駄もクツも何もなかった。桜井さんは何度も泣声で兵隊の名をよびながら気が変になってしまった。そのこともぼくにはどうしても合点《がてん》がいかなかった。おやじのいうように、かりに霊魂があるにしても、どういう理由でこの世にかえってくるのであろう。さアそれがとても気になってたまらなくなってきた。

以前の森島霊の場合のようなときにも、むろん念がこの世に残って、それが思いきれずに、あるきっかけによって現われるという。それは分らないことはない。しかし和田二等兵のような場合にはどうなるのだろう。まさか餅に念が残ったことはないだろう。そんな卑近な事実のために人霊《ひとだま》が現われたりするものだろうか。それから植木屋にしてもそのとおりである。あやまって木から落ちて幽霊になってあらわれてきたというのは、どうもツジツマがあわない。

それからあと二等兵の霊は二度も三度も現われた。いつも浴衣姿、その次のときも「おかちん」をくれといったという。しかも姉さんのところへばかり出る。やはり餅に執念がのこってのことであろう。そうとしかおもえない。

その翌年の命日の日に和田さんのところでは、先祖まつりと一しょに故郷の檀那寺《だんなでら》から老僧にきてもらって盛大なお盆をやった。その時にも午後の四時の帰営時間に和田二等兵が今日はきちんと軍服をきてちょっとの間仏間へきて坐っていたという。声をかけてはならないというので、和田さんは何もいわなかった。ところが夜になって、二等兵がいなくなるとそのあとへ和田さんの姉さんのお母さんが来て坐っていた。ぼくもお年よりのおばさんはしっているので、お土産だといって鉄砲玉をしこたまもってきてくれたそうである。その翌日桜井さんの玄関で逢った。ただせがれがぜひ来いというけん、思いたって朝の汽車でやっと間に合った、とわらっていた。ぼくにはそのわけがどうしてもわからなかった。

ぼくは今だから打明けられることだが、その年、ぼくはあやまって、弟の三郎という子を病死させた。三郎は非常によく出来る子でぼくらの兄弟には稀有のむすこであった。

ぼくは前から短気な、おこりッぽい男であった。ぼくはその三郎とはからずもけんかをして、かっとせきあげたあげくに鉄拳《てっけん》をふるって三郎をなぐったのである。五六ぺんきつくなぐったのをおぼえている。ところがその一週間後から三郎はとつぜん頭がいたむと泣きだした。そのまま奥に寝せてあったが、熱がだんだんはげしくなって、とうとう脳膜炎《のうまくえん》という病名がついた。あとではものが二つにみえるといって、十日ばかりで可哀想にも死に転帰《てんき》してしまった。こないだ新聞でみると、子供の頭を打っていけないとかいてあった。ぼくの場合も後脳《こうのう》部でもつよく打ったのではあるまいかと思う。

三郎は空気銃をほしがっていた。そこでぼくは自分で買いにいって、すばらしい舶来のやつを十二円かだしてかってきた。三郎はひどくうれしがって、ぼくに綿入れのはんてんを着せて何発もうっておどりあがってよろこんだ。

ぼくはその時の顔をその後何千遍思いだしたか知れない。やっぱりあの子は空気銃に念がのこっていたのだとだんだん思うようになった。よく空気銃を買ってきてやったと思ってぼくはやや満足していた。

　ぼくが施主になって自分でていねいに葬式を出した。丁度十日目に三郎は現身《うつしみ》のま ま暁方《あけがた》出てきて
「もう一挺銃をくれ」

とはっきりいった。火葬の時この前の銃は一しょに焼いてしまったので手許《てもと》には残っていなかった。火葬をする時、銃身だけが黒鳶色《くろとびいろ》に焼け残って、ひどくいたましい思いをした。

　ぼくは切なくなってやっと金をためて、前と同じやつをかってきた。両親にも兄弟たちにもかくれて命日の日の夜は自分で弟のために何ぱつか散弾をとっておいて押入れのなかでこっそり布団をめがけてうった。その晩、三郎は現われて、

「ぼくに持たせてよう」

と訴えるように鼻をならして甘えた。現われだすと五六度はつづけてあらわれた。

弟三郎との霊話

ぼくは思い余ってとうとうおやじにほんとうのことを告白した。憤怒《ふんぬ》のあまり、いきなり鉄拳《てっけん》をふるって三郎の奴をさんざんに打ちのめしたらしい。そのために三郎は突然脳膜炎《のうまくえん》をおこし遂に不幸な転帰《てんき》をとったものに相違ない。ぼくは悔恨《かいこん》と自己反省で額からたらたら汗をたらしながら告白した。話しているうちに胸が一ぱいになって号泣《ごうきゅう》してしまった。

おやじも涙ぐみながらじいっと黙って聞いていた。何か思いあたることがあるのか、とても深刻な顔をしていた。いや、お前、少し医学上の常識のあるものならそんな馬鹿げたことは考えられんじゃないか、冗談になぐったぐらいのためで脳膜炎など起すものではない、そんな事から神経衰弱でも起したのではないか、といってやがてそっぽを向いてしまう。

「しかしお父さん、ぼく火葬したあとをみたら、頭蓋《ずがい》の後頭部のところに黒く煤《すす》けた血液のかたまりがひと握りほど残っていましたよ。あすこは丁度なぐった部分らしいからどうもそうとしか思えないですよ。とんでもないことをしたもんだな。三郎に何んといってわびたらいいだろう」

「もう、そんな下らんこと妄想するのはよせ。思い過して頭が変にでもなったら、大変なことだぞ」

おやじはむりに笑いとばして話をそれっきりにしてしまった。しかし何か心残りがしているらしい風であった。

ぼくはそれくらいなことで考えをかえる気になれなかった。

どうもますます変てこになり、いわば偏執《へんしつ》的になっていった。どうしても弟はぼくが殺ろしたに違いないと思うようになっていった。

それから二カ月ほどたつと、弟はふっと幽霊になって夢枕《ゆめまくら》にたつようになっていた。晩、寝ているると弟はありし日のままの姿で突然チイ兄さんといってぼくの前へ現われてくる。小学の一年生だったから小さな詰め襟《えり》のメルトンの服をきていた。空気銃をさげたり、肩にかついでいることもある。

ぼくは或る日声をかけてみた。

「おい三《さ》ぶチャン、今君はどこにいるんだい?」

そういうと弟は悲しそうな顔をして、

「ぼく、おうちにかえれないんだよ」

「どうして帰れないんだね。お父さんやお母さんも待っているのにさ」

弟はそのまま口をきかなくなってしまった。さも悲しそうにめそめそしゃくりあげだしたので、ぼくもひどく情けなくなって一しょに泣きながら、

「三ぶチャン、ぼくが悪かったんだ。君をぶったから耳がきこえなくなっちゃったんだろう」

「そんなことないよ。ぼくなんでも聞えるよ。チイ兄さんの顔なんかよくみえるんだ」

「そいじゃ耳や眼がみえてどうして、うちへかえってこれないんだ。ぼくのことおこっているの」

「怒ってなんかいないよ」

「そんならうちへ帰ってきたらいいじゃないか」

「帰らないよ」

「どうしてさ」

「どうしてでもない。チイ兄さんがぼくを可愛がってくれるようになるまでぼくはここにいる」

ぼくは身も世もあられぬように悲しくなって泣きひたった。

弟は何度出て来てもどこにいるのか決していわない。だからぼくは焦《い》りつくような気でいてどうにもならない。

弟は一度鎌倉の海岸を歩いているような話をした。僕らは毎年大町原《おおまちはら》の下駄屋の二階をかりて兄弟中で避暑にいった。

大町原なぞといっても今では想像《そうぞう》も出来ないような寂しい田舎であった。芋畑と小松原のなかにうちがまばらに建ちつづいているだけであった。うちのすぐさきに和田塚という和田一門が憤死したという砂山があって、日中など蛇がニョロニョロしていつもこわかった。そこの五輪塔の台座のうえで弟は石で絵をかいて遊んでいた。その時は浴衣《ゆかた》をきていた。秋近《あきちか》いので学校の制帽のまわりでは赤トンボが何びきもとんでいた。

弟は知らん顔で、

「ねえ、チイ兄さん。何をしているんだい。早く東京のうちへ帰らないと大変なことがあるぜ」

「大変な事？　どんなことだい」

「お父さんが今朝から病気だよ」

まだ電話もない時分だから夕方の汽車で上の兄と二人であわてて東京へ帰っていった。ところが不思議なことに平常丈夫だったおやじがその朝から急に狭心症の発作《ほっさ》をおこして寝ていた。そう大した容態でもないのでぼくも兄貴も一晩いてまた鎌倉へ帰ったが、帰るとすぐ今度は佐助《さすけ》カ谷《やつ》の奥の芋畑へぼく一人《ひとり》で芋掘りにいった。途中からひょっこり三郎がくッついてきた。きょうは空気銃をかついでいない。もう忘れたらしく、おやじの病気のことなんかおくびにも出さない。

三郎はむーっとしたような顔つきで髑髏頭《どくろあたま》のかけらみたいなものをふところからひっぱり出して、

「ねえ、チイ兄さん。これ子供の骨だよ。これがうえをむけると口をきくんだ。おかしいよ」

なるほど上だか下だかわからないが、少しうごかないと透《す》んだ子供の声で何かいう。何を云っているのだかさっぱりわからないが、よく聞いていると学校の先生と何か話しているらしい。

その頃和田塚では路を掘りさえすれば人骨が貝殻《かいがら》のようにいくらでも出て来た。中には肩から下までのこっているような骸骨《がいこつ》がごろごろころがり出してきたこともある。その中からわり合いに形のととのっているのを三郎のすすめでぼくはうちへもってきて、よく砂を洗っててていねいに保存しておいた。

ぼくの従兄の勘次というのがみんなのいうこともきかないで東京へもってかえって、その骸骨をうるし塗りにして飾りものにしていた。後年何か変なことがあるので、ぼくの母に叱られてどこかの寺へ納めてしまった。その骨の飾りものが、床の間においてある時分に従兄は何度も幻影をみたそうである。年のほど十八九の美しい少女で、昔風の布衣《ほい》みたような荒妙《あらたえ》をきていたそうである。

たぶん和田塚で自害でもした一族の娘ででもあったろうと従兄はあとまで惜しがっていた。三郎は佐助ヵ谷へいくときまって何処からかひょっこりくッついてきた。いつも六地蔵のうら道あたりからくッついてくる。笑っていることもあるし、泣いている時もあった。一ぺんなぞはお腹がすいたからといって、うちのおばアさんがつくってくれたお十夜の供えものをやったら、いつもならくいつくようにたべる弟がいやいやをして一つも手をつけなかった。不思議なことがあるものである。

三郎は一年ばかりたつと空気銃をもってこなくなった。ある晩弟は、

「ねえ、チイ兄さん。もう空気銃のねらいがきかなくなったから、この前の時のように須藤《すどう》先生に眼のけんさをしてもらおうかなア」

と口の中でくちごもりながらいう。その二三年前に学校で校医に眼をはかってもらったことがあったのを思いだしたのかもしれなかった。ぼくはその時にも三郎が生きているとしか思えなかった。三郎はたしかにどこかに生きている。ぼくは僕なりにひとつの表をこしらえて、三郎が偶然出現してきた時の様子をそれとなくかきとっておいた。どういう場合に一ばんよけいに出て来るか。しかし子供のことだから正確にいかなくてつけるのをよく忘れたりした。

一番よく出てきたのは一家団欒《だんらん》の時である。ぼくの母は人よせが好きで何かという

と晩餐会をやった。そんな晩には姉弟はむろんのこと用たし婆やや女中《じょちゅう》や代診《だいしん》や書生、従兄たちも都合が出来るはんいでみんな集まってきた。三郎も寝るときっと出てきた。それから鎌倉へいくとき、和田塚や六地蔵の近辺ではぼくの二十才ぐらいの頃までよく出現した。

一番よく噂《うわさ》をしたのはおやじのことであった。ぼくはおやじの病気のことをよくいいあてるのでびっくりした。

「お父さんは例の胸病だ」

と弟がいうとぼくまでが胸の痛みを感じた。

ある晩のこと弟はぼくの枕元へきて、

「ねえ、チイ兄さん。きみぼくのことお父さんに話したね。お父さんがそういっていたよ」

「お父さんはどういっていた？」

「チイ兄さんがぼくの頭をぶったってそういっていたよ。ぶったんじゃない。ぶとうとしたらそれでぼく頭が痛くなったんだってそういってたよ」

弟はおやじの善意を信じきっているような口調だった。どうしてもぼくが危害を加えたとは決していわない。それだけに話がぼくのことに及ぶと、ぼくはとても生きていられない気分になった。

「ねえ、チイ兄さん。もうあんまりふかく聞かない方がいいよ。ぼくはどっちだっていいんだ。どうせぼく二十歳になって海軍に入りゃどうせ長く生きていられない体だもの、ぼくは長峰さんの克彦《かつひこ》ちゃんといっしょに戦争にいくんだ」

三郎は何よりも海軍にあこがれていて、将来は同窓の友の長峰克彦と江田島へいくといってきかなかった。うちでもみんなその気でいた。

それから十二年たって、長峰と希望どおり江田島を受けたが、試験の前の日に眼に大きな腫物《はれもの》が出来て、かわいい想《そう》に三郎だけはすべった。しかし皆卒業間際になって、「松島艦」で遠洋航海にいって、途中、台湾《たいわん》で変死した。松島は火薬の自然爆発で、同窓も不慮の死を遂げた。三郎だってむろん海軍にいっていればどうせ死んだ組であった。

中学へ入るちょっと前に約三年ほどまるで出なかった。どういうわけか、ぼくは今だに分らない。その次に出て来た時は、学校の門のところにしょんぼり立っていた。しかしぼくが鼻の先へ立つと弟は急にめそめそと泣き出してすぐにみえなくなった。しかし泣いてはいながらどこか一方毅然《きぜん》としたところがあって頼もしかった。何かしっかりした憑依物《ひょうい》に体ぐるみよッかかっているような感じであった。その時にもぼく以外の人間には姿がみえなかった。そしていつ帰ってくるかと何度きいても黙って返事をしなかった。ぼくにはその無関心なさまがとても悲しかった。

ぼくは五人の兄弟のうちで一ばんの仲よしだったことを少しも疑っていなかった。何はともあれ、霊界というものがあるとすれば、もっと何かありそうに思えてしようがなかった。それを気にかけているると、その年だとおぼえているが弟が突然今度妹のあき子のところへ出現した。丁度又おやじの胸痛の際だったのでぼくは枕元で看病していた。忘れもしない、夏の夕方だった。あき子がふいにのびをして、

「ねえチイ兄ちゃま。三郎はきっとこの世の中にいるんじゃないの。たった今そこの縁側《えんがわ》のところに立って、おとう様と何かお話していた」

病中のおやじに聞くと、そんなことはないという。

「みんな神経衰弱にかかって、いろんな妄想をみるのは困ったもんだなア。おい、あき子、三郎はどんななりをしておったね」

「いつものように、黒のメルトンの制服をきていたわ。だから幽霊じゃないんじゃないかしら。幽霊なら白い着物をきているっていうじゃありませんの」

「そんなバカな、誰れから聞いた？」

「あたしお友達からきいたの。三郎はこんなにていねいにお祀《まつ》りもしてもらってるから、化けて出てくるわけないわねえ。どうしたんだろう」

ぼくは口を入れて、

「君、三郎の姿がはっきりめえるかね」

「めえるわ。額のとこに水ボーソーのあとがあったでしょう。あれまではっきりめえるの」

ぼくは悲しかった。ぼくにはどうしてそういう詳しいことはめえないのだろう。

「もっとほかに何かめえないの」

「まあ、めえるのはもっといろんなものがめえるけど、……そういえば口もきくわ」

「どんなことをいった」

「どんなことって、そりゃいろんな未来のことをいったわ。お姉ちゃんはとみ子姉ちゃんと同じように、このお父さんの家じゃ死なないんですってね」

「そりゃ当然じゃないか、どうせ君たちはお嫁にいかなきゃアならないもの」

「そりゃそうよ。でも一番おそくまで生きていてあたしたちのいく先をみてあげるって、そういってたわよ」

その予言はこじつけてみればよくあたっていた。あき子は台湾の医者のところへかたづいて、つい近年まで生きていた。娘達が不幸に原爆で孫もろとも爆死したために晩年は大して幸福でもなかったが、そう気の毒な死に方もしなかった。自分でもうまく世の中を渡ったと自負していた。原爆をうけた時にも、その前に家を建てかえた時にも、俗にいう「方《かた》」をおかしたのであった。今から考えるとそこにたしかに無理があった。あの時ぼくの忠告をきき入れて「方」なんか冒さなかったら、もっと楽に世が送れたのかもしれない。

何年か前にふっとおやじの遺品の中から三郎の写真を発見した。それをみてぼくはびっくりしてしまった。よくみると三郎の額にあった水ぼうそうのあとが同じところに、ぼくの孫の額にもある。それから同じもも子という上の妹の子の額にもある。殊にもも子の息子は顔もよく似ているが、することもよく似ている。これはずっと前に疫痢《えきり》で死んだ。そのために妹はカトリック信者として信仰を深めた。この妹は今まで生きていたらむろん幽霊を自由にみたであろう。ぼくよりももっともっと深い何かをもっていた。平凡な女であったがすぐれた精神家であった。

燈籠

それから間もなく桜井さんのところに食客をしていた和田のます子さんは女学校を卒業して故郷へかえっていった。故郷は茨城《いばらき》だときいていた。茨城も福島県に近いところらしかった。今考えると袋田《ふくろだ》の滝の近くだったらしい。ます子さんはぼくと別れるのが悲しいといってぼくの父にも母にもとっくり相談して、秋更《ふ》けてからぼくを連れて故郷へかえっていった。約二週間の予定であった。

ぼくははじめていくところなのでみるもの聞くもの何でも珍らしくて面白かった。和田さんの家というのは近村きっての豪家で、ぼくのうちよりももう一倍大きかった。間数は二十あまりあると聞いただけでぼくはもうびっくりしてしまった。停車場から二里の余も山奥へ入ったずいぶん寂しい山村であった。うちは大きな瓦葺《かわらぶき》屋根で、土蔵が三つも四つもあった。和田さんにはおじいさんやおばアさんがたくさんいて、誰れと誰れがどういう関係なのかぼくにはさっぱり分らなかった。ぼくは何も知らずに同じうちで二週間はおろか四週間ぢかくも一しょにいた。例の和田さんの弟の二等兵は一人息子で、そのほか妹ばかり三人もいた。一人息子が不思議なことで死亡したのでおじいさんたちはぼくの顔をみると涙ぐんでぐちをこぼした。死んだ二等兵は亀太郎といった。

和田さんと奥まった十畳に寝ると、よく亀太郎の思い出ばなしに耽《ふけ》った。ぼくも心から亀太郎が好きであった。亀太郎はとても器用な子で、ぼくに鉄砲の空ケースを銃座にすえて小さな短銃をこさえてくれた。ぼくは同じものを三挺ももっていた。彼とぼくはます子さんともとても仲がよかった。

亀太郎君ももう此頃はちっとも出て（現世）こないらしかった。

「ねえ、幹さん。あんたのとこの三《さ》ぶちゃんはどうして。相変らず空気銃をもって出てくる。あの話、みんなに話すととても悲しがって泣くわ」

「弟もこのごろはまるで出て来ないの」

「学校の角のところによく立ってたってそういってたわねえ。どうしちゃったのかしら。うちの亀太郎もこないだ好きな餅つきをしてやったけど、出てもこなかったわ、お互にもうくる道を忘れちゃったのか知ら」

ぼくにはそうは思えなかった。何かの都合で出てこないのだろうと思ったら、亀太郎君のとこに来ているだけになお寂しかった。

三周忌の晩は家じゅうで集まってお坊さんを三人もよんで盛大に追善をやった。土地のならわしで白の盆燈籠《ぼんとうろう》みたいなものをこしらえて仏前へかざったが何んにも出てこなかった。ぼくはあんころ餅がうまかったのでしこたまたべた。晩にお腹が痛くて夜ッぴてくるしんだ。ます子さんは時々眼をさましては看病してくれた。

もう夜のひき明け方になって、廻《まわ》り縁《えん》になった奥の廊下で何んだか、がたがたッというものを引摺《ひきず》るような音が変につづけて聞えてきた。ぼくは様子がわからないのでます子さんをそッと起こし、

「ねえ、お姉ちゃん。何んだか変な音が聞えるね。あれなあーに？」

ます子さんはじッと聞き入っていて、やがて枕のうえで、

「何んでもないわよ。裏の山から滝のおちる水音よ。そんなものを気にしないで早く

もう一度おやすみなさい。もう夜明けよ」

その時縁側の障子《しょうじ》がサラサラッと鳴った。ただならぬ音である。

「誰れかが歩いていく音よ。よんでみましょうか」

といって、ます子さんは色をかえて声をかけた。

もの音はぱったり止んだ。何もきこえない。

その晩はもうこわくて体《からだ》がふるえて仕様がないので、ぼくはます子さんの臥床《ねどこ》へはいっていって一しょに寝た。ます子さんはふとった胸でぼくをしっかり抱いて恐いものは何もよせつけないといった。たのしかった。

翌朝起きてみると、どうしたのか、母家《おもや》の表の間の仏間にあった燈籠がぼくの寝ているすぐ外の廊下へもってきてそっとかけてあった。それもひとつではない。三つも四つも、もってきてあった。ぼくはびっくりしてとびおきた。いろいろな家の人に聞いてみても、何もしらないという。お寺のお坊さんにきてもらって話を聞くとそれは正しく亀太郎君の霊の仕業《しわざ》であろうという。久々で幹さんが東京からきてくれたのでわざわざ挨拶《あいさつ》に出てきたのだろうということになった。

さあその晩からぼくはもうこわくておちおち寝ていられなかった。ます子さんも亀太郎さんが変死したときのことを思いだして、

「そういえば、あの子はとてもくにのふるいおうちのこのお座敷が大好きであった。

だから今だからほんとうのことを打明けるけど、亀太郎はつい先達てもあたしがこのお座敷へ寝ていたら明け方まで床の間の前へ坐って、姉ちゃん、姉ちゃんと何べんもよんでいた。あたし此頃は何んだか亀ちゃんのくるのが妙にうすッ気味わるくて寝床のなかへもぐり込んじゃうのよ」

と、ます子さんは眼をぱちぱちやった。

「あの時にも頭の横のとこがあとで石じきの上へ起してみると大きく割れて、弟はいたいッいたいッとうなっていたのよ。ほんとに可哀想だったわ。あたしそれをよく思いだすのよ。お坊さんにもよく亀太郎は死んだときの話をするそうよ。やっぱしあの子は念を残しているんですよ。そうでしょう、あんなに若くて死んだんだものね」

だんだん様子をさぐってみると、ます子さんは口をつぐんで何もいわなかったが、どうやら今度は彼女も学校を卒業したのだから近々に嫁にいくつもりで故郷へ帰って来たのらしい。毎日のようにいろんな人たちが訪ねてきて、ます子さんも忙しそうであった。

六日ばかりたつとぼくは誘われて大洗《おおあらい》の海岸へあそびにいくことになった。山の中ばかりにいてはたいくつだろうといって、ます子さんはひどく同情していた。

散華

　ます子さんの家からは何里あるかしらないがずいぶん遠いところだ。さびしい山と田圃《たんぼ》のなかを相乗りの人力車にゆられていった。朝早くのって、夕方日の暮れ方にやっと何とかいう寂しい停車場へついた。そこでお婆さんが一人と、もう一人若い背広をきた男の人にあって、それと一しょに今度は汽車で水戸までいって、それからもう一つ小さな汽車にのりかえて大洗へいった。暗い松原の中を砂まじりの風に吹きまわされながらほうほうの体《てい》で旅館へついた。

　とても大きな広々とした宿だった。海近くだとみえてごうごうと浪の砕ける音がそうぞうしくてろくすっぽう話もしていられなかった。

　ぼくは何もしらなかったが、子供のカンで話をぬすみ聞いていると、どうも背広をきた男の人の兄いさんか何かがます子さんの旦那様になるのらしい。それ以外のことはよくわからなかった。話はだいぶ込《こ》んでいた。

　ます子さんとぼくは夜になると三階のだだッぴろいお座敷へ寝かされた。ほかの人たちは二階だったらしい。そこでも浪の音がやかましくて眠れなかった。夜がふけるともっとさわがしくなってじっとしていられない。ます子さんはぼくをぐっと抱きし

めてくれたがこわくてとてもがまんができない。ます子さんはやがてそッとぼくをおこして、

「ねえ、幹さん。とても騒々しくてあたしとても眠れないわ。風がひどくなってきたんじゃないかしら」

といって、自分でこっそり縁側へ出ていった。

しばらく様子をみていると、ます子さんは真青な顔をしてかえってきて、がたがたふるえながら、

「ねえ。そとは大嵐になっているらしいわよ。たいへんな雨のおとッ!!」

なるほどそういえばどっと吹きつけてくる度に大きな旅館じゅうの屋台骨がゆれて、気がついてみると、大船に乗っているようなぐあいである。松の折れる音ものすごく聞えてくる。砂を吹きあげるようなどよみも波の音にまじって聞えてくる。

ぼくも寝ていられなくて起きあがった。ひょッとみるとうえにかけていた蒲団が二枚ともまくれている。それが変な工合で誰れかもう一人がとなりへもぐり込んで寝たように、蒲団がもッくりもりあがっているのである。そのくせぼくとます子さんのほかに人は誰れもいない。二人は女中が一人前の臥床しかしいてくれないのでふたりでずッと抱きあって寝ていたのである。

「ねえ、ます子姉さん、変だねえ」

ます子さんは急に顔色をかえて、

「ほんとねえ。変だわねえ」

とこっくり生唾《なまつば》をのんで、

「実は、こないだもこんなことが二三度あったのよ。誰れかがこっそりしのんできてねるんじゃないかしら。たしかに人の寝たあとよ」

「まさか、そんなことないでしょう。それとも亀太郎君がうらやましがってくるのかなア」

とぼくは手を伸して臥床のなかを探ってみた。冷たい。誰れもきた気勢もむろんない。

「あらッ、ます子姉ちゃん、変だねえ。ここに紙ぎれが落ちてる。これ、あの燈籠《とうろう》の下に張ってあった青い色紙じゃない？」

「あらッこれそうだわ。ちゃんとどうさがひいてあるもの。普通の紙じゃないわ。どうしてもお寺さんの紙よ。あの燈籠はお寺さんがこさえたんだもの。いやアね」

それから蒲団をめくっておッかなびッくりでさがしてみたが、ぼくの寝た肩のところにも同じ青い紙の片ッぱしがはいっていた。それはお寺さんのまいた散華《さんげ》の花形のようでもあった。

ぼくもます子さんももうとても睡れなかった。ぼくはてッきり亀太郎君の霊がきて一しょに寝たものに相違ないと思って、寝返りうつのもおッかなくて仕様がなかった。

ぼくらは朝起きると誰れにもそのことはおくびにも出さなかった。黙ってお互に時々顔ばかりみあってはふるえていた。その日は半日海岸へ出るわけにはいかないので、ずっと四人で二階へ集まって話ばかりしてくらした。――で、夕方になると、今度は汽車でずッと筑波《つくば》山の山間をまわってます子さんの家へかえっていった。ついたのは暁方《あけがた》であった。

うちではもう一晩ぐらいいるだろうと思っていたが暁方ぢかくになってひょっこり二人が帰ってきたので、却《かえ》っておッたまげていた。その晩、寝床の中でます子さんは結婚のことを少しずつ白状した。昨夜実は亀太郎が出てきて、あんな男のところへ嫁《ゆ》くのはよせといったから自分はもうきっぱりあきらめたといって、ます子さんはさっぱりしたような眼色をしていた。ゆうべは亀太郎君がやっぱりほんとに出現した。だから追善の紙をもってきたのだとます子さんは真顔で信じきっていた。ぼくもまったく気味がわるくほんとうはもういっそ東京へかえりたくて胸がいたくてならなかった。ぼくはます子さんに送られてそれから約一月ぢかくたって東京へ帰ってきた。ます子さんも次の縁談があるまで桜井さんにまた厄介になることになってぼくを送ってきたのである。

その冬、ぼくは急に心臓が変になってしばらく病床に就いた。とつぜん心臓の鼓動が止る変な神経病であった。病名は期外収縮《きがいしゅうしゅく》というのだそうで、亀太郎君や三郎の霊の出現と何らかの関係があるらしかった。胃の工合がよくないし急に息が苦しくなって、心悸昂進をおこしはじめる。それが昂じるとぱったり動悸《どうき》が瞬間止ってしまうのである。ほんとに気持ちのわるい病気であった。鎮静薬をあびるほどのんだが駄目であった。それがだんだん痼疾《こしつ》のようになってぼくからはなれなかった。その一種のコンプレックスがぼくを一層心霊に近づかしめる原因になった。

舞妓春菊

はじめて京都へいって偶然ちかづきになったのは春菊であった。ちかづきになったというよりもひと目みて好きになったという方が適切であるかもしれない。春菊は十六才のかわいらしい舞妓さんであった。少し痩せ形の、眼の大きな、色の真白なとても美人であった。お茶屋ではみんな「鹿さん」「鹿さん」とあだ名でよんでいた。それは彼女が奈良の春日《かすが》大社の神鹿を思わせるようなうるんだ黒い瞳をしていたからである。まだいやな色気なんかみじんもない、ふるいつきたくなるような清潔な処女である。

った。

ぼくはひと月ばかりのあいだにすっかり仲よしになってしまった。嵐山へいったり、大津へいったり、宇治へいったり、ほとんど二六時中別れていたことはなかった。花柳界の女の子のことだから金なしには遊ぶわけにはいかない。ぼくはあらゆる努力を払って、彼女を自分のそばにできるだけひきつけておいた。

春の末のある日のことである。ぼくは宇治の風光がとても好きで舞妓たちをつれて遊びにくのはいつもたいがい宇治にかぎられていた。その日も「米かし」まで遊船でのぼって、洛西の菜畑にしずむ夕陽の美しさを賞しながら、帰りは道の順で伏見の中書島《しょじま》へよった。そこも古い廓《くるわ》で島へあがると、お婆さんの引女《ひきこ》がぞろぞろ出てきてぼくをはなさない。つまり舞妓なんか連れて歩いているのでいい客と思ったのであろう。何んとかして登楼させてうんと散財させてやろうというはらである。ふっとみるといままで皆と一しょに歩いていた春菊が何処へいったのかふっと消えて影も形もみえない。そこいらをさがすと、やっと二丁ばかり川しもの草原の水ぎわに友禅模様の振袖をきて宝珠づくしのだらりをしめた春菊が、ぼんやり魂がぬけてなくなった人間のようなうっかりした姿で突っ立っている。

「春菊さん。そんなところで何をしているんだね、顔色も悪いじゃないか、どうしたのさ」

といってぼくは近寄っていった。あたりはそろそろぼんやりとたそがれかかって薄月のある夕闇が迫っていた。

「なアわたし今な、ついそこでお母アはんに逢いましたんえ」

「お母さんて、君のお母さんは、いつか、ずっと前に、四条の病院で、死んだんじゃないか」

「そうどす。わたしの末の妹を産む時に、血がかぶって、たった一日わずろうてそのまま、とうとう死なはりましたんどっせ」

「死んだものがこんなとこにいる筈がないじゃないの。夢でもみてたんじゃないの」

「ちがいます。死なはったことはたしかに死なはりましたんやけど、いつかて用のある時には出て来やはりますの。去年も二度ほどきやはった」

「おい、春菊さん。変なことといわないでよ。死んでから出てくるんなら幽霊じゃないか。昼間幽霊がみえるなんておかしいね」

「わたしにははっきりみえますわ。お母アはんよんべからきてはりました。さっきずっと船まで送ってきてはった」

春菊は夢でもみているようにぼんやりした声でとぎれながらどもった。その眼がどこか空をみつめているようなので、ぼくはますます変な気持ちになった。春菊はそういえば以前からふっと変にものにつかれたようなとッ拍子もないことをいいだして、自分でもだしぬけにほほほ、と笑いだしてしまうようなことがあった。そういう性格なのだろうと思って、ぼくは気にもしていなかった。

「ゆうべからきていたっていうのは妙だね、じゃア宇治の宿屋にきていたのかなア、そんなことはないだろう」

「いいえ。わたしがお風呂から出て二階へかえってくると、むこうの階段のうえのとこに、しょんぼり立ってやはりました」

「そんなら何故その時にいわなかったの」

「また、わたしがいうたら、あんたはんがた、きっとけったいないうてお笑いやすやろとおもうて、わざと、黙ってましたの」

「そうしてどうしたの。花やしきから一しょに船にのってきたの」

ぼくはぞうッとしながらいった。

「そうどっしゃろなア、わたしらがむこの中書島の河岸で船をおりしなに『さいなら』ちうて町のお茶屋はんの軒先へ入っていかはりました」

「どうもおかしいな。お母さんはそのお茶屋のうちを、どうして知っていたのかなア」

「そらわてもしりまへん。知らんおうちとちがいますか」

「一度でもいったことがあるんじゃないの」

「そんなことあらしまへんやろ。軒へ入っていかはったさかい、わたしも変やとおもうてあと追うていきましたんや。ところが、のれんのさがったところでひょいと見失うてしもうたんどす。それでわたしここにたって待ってましたんや。そういえば、あんたはんのお顔が何んやしらだんだんうちのお母アはんによう似てきたわ」

「おい、おい、春菊さん、変なこといわないでくれよ、気味がわるいじゃないか」

ぼくは冷汗がにじむようですっかりおぞけをふるってしまった。

ぼくは舞妓たちにうっかりその話をしたら、さぞ恐がるだろうとおもって、わざとそのまま黙っていた。そしてその足で自動車に乗ってわいわいいいながら祇園の宿坊の吉蔦にかえっていった。

その晩から春菊は脇腹がいたいと泣きだしたのですぐに屋形へ帰してやった。と、その翌日の暁方から俄《にわか》に九度台の大熱が出て、ぼくは知らなかったが、たいへん唸《うな》って七転八倒の苦悶をしたということであった。翌日、屋形からおちょぼがきて眼を丸くしてそのはなしをしたというのである。

その日、吉蔦のかかりつけの先生に来てもらってとっくり診察してもらうと、驚いたことに春菊は急性の肋膜炎だとあられもない診断がついた。うっちゃってはおけないのでぼくもいくらか金を出して四条の中満《なかみつ》さんという病院へ入院させた。だんだん様子を聞いてみると、春菊の母親が産をした時にもその中満病院へ入って、そこで死んだのだそうである。中満という先生は四条でも名高い婦人科の医学博士であった。

表面は婦人科の看板を出していたが、つまり婦人の病気なら何んでもやる病院であった。

二三日して見舞いにいってみると、春菊の容態はあんまりよくなかった。熱もさがらないし、痛みもますますはげしくなっていた。彼女は可哀そうに枕のうえにつッぷしてひとり泣きに泣いていた。苦しくなると、

「お母アはんがくる」

といっては又泣きだす。

とうとう病院へ入ってから八日目に、春菊は両方の手足をひきつらせてあえなく息をひきとってしまった。屋形がよくない家なので、危篤になってもろくな手当をしてくれない。酸素吸入などもぼくが自分の費用でしてやった。

黒谷の寺で葬式をしてやって墓地がないので大谷さんへ入れた。東京でいうと共同墓地みたいなものである。大勢の芸妓たちがいっしょにいかっているあの墓地である。

春菊が死んでからはぼくは恋慕の思いやみがたく、もう何をする勇気もなかった。京都には灰屋紹益《はいやじようえき》の伝説があって、紹益が島原吉野太夫を喪ってからもう生きる瀬もなくなって、時雨《しぐれ》降る晩には東山の別荘で酒の盃の中へ吉野太夫の遺骨の一片を入れて酒でといて飲んだというのである。愛情の濃さを表現するにはもっとも現世的な、端的な方法である。ぼくも若い時分にお八重という両国の鳥屋の娘を喪った悲しみで

彼女の喉の骨の破片をとっておいて、いつも身からはなしたことがなかった。奈良の三月堂へいった時、丁度満月の晩だったのでこっそり忍んでいって、あの月光仏の足もとへ投げ込んでそのまま泣きながら帰ったことがあった。お八重の霊も多分成仏したであろう。

春菊の時にはそれからも度々宇治へいって彼女の冥福を祈った。帰りには船で中書島まで帰って、そこから京都まで電車で帰った。いつかの晩をおもいだして、ぼくは一人で船にのることが多かった。又縁があるんなら春菊とその亡母の霊にも再会出来るだろうとそれを楽しみにしていた。

見えぬ客

ある秋の夜更け、ぼくは鯛《たい》めしがとてもすきなので芝居がえりに小政と花香と三人で、円山の松島へよった。鯛めしをたかせて三人でふんだんにたべて、それから吉蔦へかえろうというので松島の女中におみやげの折詰めをたのんでおいた。いつも食べものやへいくとかえりに折詰めにしてもってかえるのがその時分の習慣であった。

帰りぎわに女中が注文の折詰めをひもで一しょの包みにこさえてもらってきた。ひょいと数えてみると三人前とおもっていたのが何んと四人前あるのである。そういえばさっきから実に不思議で、この店へあがったときから座敷をうつすときにも、きっと四人前ずつの座布団をしく。女中はそのつど変な顔をしてさもさもけげんそうに、

「へえ、そうどっか。お連れさんはほんなら三人さんだけどっか」

「むろんだよ。男はぼくひとりっきりだよ」

「まあま、どんなこと！　ほんなら今そこにおいやしたそんなりの舞妓はんはどないにおしやした。お下駄も四人さんちゃんとおっせ」

ぼくは死んだ春菊のことを思い出したので急にぞうッとしながら、へどもどして、

「そ、そんなことがある筈がないよ、一ぺんよくしらべてみてごらん」

玄関をしらべたが芸妓たちの下駄は二人分しかなかった。

「どうしたんだろう。ひょっとしたらもう一人の舞妓はんは春菊さんに似た人じゃなかったかね」

「どうやしりまへんけど、たしかに青っぽい色の振袖をきて、下を向いてむこの廊下を渡っておいでやしたえ。そら、たしかどす」

女中もまっさおな顔をしてふるえている。実さい変な話である。

春菊という名を聞くと妓たちも青くなって顔をみあわせだした。

ぼくはもう一度ぞうッとして、

「いや、そういうことがないとはいえないよ。よくある話だな、幽霊っていうものはこういうときによくわかるものだからね、こないだ福亭で亡《なくな》ったおかみさんが出たときにもそうだったというじゃないか」

小雛《こひな》というもう一人の若い芸妓はうなずいて、

「そうどす、そうどす。あんたはんがたもせんどお聞きやしたんやないの。あのおかみさん長いことひいきにしとくれやしたガクさんちうお客さんがお帰りやすのを送って、縄手《なわて》の角まで出て『さいなら』まではっきりいうてやはったそうにおッせ。その時わてても後からいて近うで聞きましたえ。ほんまもほんま、げんまんどッせ。むこではいつかてそういわはりますな」

「そうどすえなア、小雛ねえさん」

「福亭ではだいじなお客さんどしたさかい。死なはったあとでもお母アはんに念がのこったんやな。ガクさんもこの頃よう夢みるちゅうてやはった。こわいえなア」

「そりゃあのおかみさんとこなら化けて出るかもしれないね。おかみさんはもともとガクさんとても好きだったっていうじゃないか」

「ほう、ほんならあんたはんかて春菊さんとても好きやったんとちがいますか。こんなとこまで出てきやはるようではなんぞ障《さわ》りがあるといきまへんさかい、誓願寺はんへいってあんじょうお祈りしておもらいやすな。その方が無事やわ」

吉蔦へかえってもその話が先から、先とはずんでいつやむともおもえなかった。もう雑魚寝《ざこね》をする時間もとうに過ぎたので小雛は寝まきにきかえてきた。夜具もいつの間にかちゃんとしいてあった。午前の二時すぎであった。

みんなひとかたまりになって何んとなくビクビクしてふるえていた。どうもそのまただ寝るのはこわいので、灯《ひ》をカンカンつけてこわいあまりに五目ならべをやりだした。一ばん春菊と仲のよかった小ふみなどは歯の根もあわなくて、

「春菊さん、ここへも出てきやはるのとちがいまっか。今何んやけったいな音がしましたやないか」

もう一人の舞妓もいきなり、

「わあッ」

と叫んでぼくの肩へかじりついた。

市菊という老妓は強がって、

「もうそんなけったいなこわい話、おやめやすな。あんまりいうと、ほんまに出ますせ。わてはもう年とってますさかい、こわいちゅうようなことないさかい、一ぺん、おしもへいてこうか」

「まあま、ねえさん、一人でおいでやすの。おやめやすな。むこの廻り縁のとこがこ

わおっせ。おいでやすのやったら手燭つけておいでやすな。もううちじゅうみんなやすんでやすさかい、暗うおっせ」

　市菊はそれでも肩を張って、白足袋をきゅッきゅッと踏みならしながら及び腰でいくらかおッかなびッくりで便所へ出ていった。足音が廻り縁の近くにかかったとおもったとたんにむこうで市菊の声がぎゃッと聞えて、

「だれぞ、きてんか。白いものが出たわッ」

というのがふるえ声で聞えた。

ぼくは男だからちゃんと胆を据えてあわててとび出していった。

縁では丁度淡い月がさして壁廻りがうす白くぼんやり光っている。そこの廊下のまんなかのところへ、市菊はひっくりかえっていた。灯のきえたぼんぼりをたかくふりあげて、口をアグアグやっていても言葉が出ない。

　ひょいとみると廊下の奥のところに誰れかが立っている。はじめははっきりみえなかったが、目をすえてみると、ぼんやり手をあげているのはたしかに平常着をきたままの舞妓であった。顔ははっきりみえなかったが、手だけは上へ上へと高く振っていた。

　ぼくも歩きながら、

「おッ春菊さんじゃないのか」

とうっかり声をかけた。そういう時にはだしぬけに声をかけたりしてはいけないということになっている。丹田《たんでん》に肚《はら》をすえて、ゆっくり胆をしずめてからゆっくり名を叫ぶものだと昔からぼくはよく聞かされていた。しかしもうこわいのでどうにもならない。もう一度顔をあげた時にはもう誰れもいなかった。真暗な夜だった。

その晩、吉蔦のおかみさんにすすめられて洛外の誓願寺へお詣りにいくことにきめた。死者の霊とはっきり縁をきっておかないと、思わぬ時に病気にかかったりするという。まさかそうではないだろうが、小雛がその翌晩、急にやはり脇腹が疝痛《せんつう》をおこして、夜半に注射をうつやら温石《おんじゃく》をあてるやらとても大騒ぎをした。十一月になるとぼくは急に気になってしようがないので、坊さんにたのんで先の中書島《ちゅうしょじま》の茶屋へ一しょにいってもらって、門口で般若経を輪読してねんごろに供養をしてもらった。何のためにもならないかもしれないが、そうでもしないと気がすまなかった。茶屋でもおばアさんが施餓鬼《せがき》をやったそうである。それからぼくはぱったり宇治へもいかなくなってしまった。春菊の三回忌には、あいにくぼくはひとりで北海道を旅行して歩いていたのでわざとらしい追善はしなかったが、何んにもさわりはなかった。ぼくのうちの仏壇に位牌がもう一基ふえたのは近年のことである。

無目的の霊

京都へすっかりいついた頃はもう秋だった。丁度その時分京都大学には中川さんが大学院で東洋哲学をさかんに勉強していられて、深遠なあの論文が毎月雑誌に掲載されていた。それは哲学上からこまかく論じられた一種の仏教的な世界観でぼくらも少なからず魅了されていた。魅了されたというよりも傾倒《けいとう》していた。即ち中川さんは物理的な思想から順次脱却されて、今や心霊の問題をかなり不可解な程度の理解をもっていわゆるモウロウ派的な態度で把握《はあく》しかけていられた。即ち中川氏の例の「人間不死論」みたようなものが漸《ようや》くその鋭鋒《えいほう》をあらわしかけていた。

中川さんは人間の霊魂を具《つぶ》さに論じられて微細な電気的な特性にまで及んでいられた。細胞の電気位相《いそう》説はたいへんに面白かった。ぼくは早速知恩院の末寺の一つに中川さんを訪ねていった。ひろい寺内をしきって中川氏はそこを書斎にしていた。ぼくは心霊問題ならいろんな経験をもっているので中川さんの論敵の一人にはなれた。しかしまだ非常に未熟なのでいろいろ教えられるところがあった。しかし大体中川さんの論じようとしている点には真正面からアッピールした。ぼくの心霊に関する知識は急に成長していった。ぼくはいい人に逢ったと思って三日とあげず知恩院を訪問した。

中川さんの説によると人間の生態と未来がぼくの考えていたことと頗《すこぶ》る近接していた。ぼくの「霊界」の思想の最初の形はじつに彼の議論に似ていた。したがってぼくはそれ以来そうふかく進歩していないともいえる。それくらいに中川氏の研究はぼくに恐ろしい影響をあたえた。

今だからかくことができるが、中川さんは死の実験者としてはたしかに第一人者であった。毎日、大学の病院へいかれて病人の臨終《りんじゆう》に立合っていられた。そういった著書もあった。中川さんは医学の上でも、ずいぶんいろんな素養をもっていられた。絶《ぜつ》息《そく》の瞬間に於ける人間の意識の変化なぞはくわしく知っていられた。それから脳の変化や心臓の状態なぞも一々場合に即してくわしく記録していられた。

一番感動したのは浄源《じようげん》という或る老僧の死の場合であった。ぼくも誘われて同行したがとてもぼくなんかこわくてみていられなかった。

浄源坊は六十三歳で肝臓梗塞《かんぞうこうそく》でもう十日ほど前から死を覚悟していた。僧侶だけにじつに臨終のようすも立派で誰れしも頭の下がる思いだった。浄源坊は今度こそしずかに絶息するからじぶんの枕もとに坐ってよく観察していてくれと別に臆《おく》びれもしなかった。

その寺は蹴《け》上《あげ》の水道の下にある小さな寺であったが、晩になると虫が鳴きしきって騒々しいくらいだった。浄源坊の面倒をみてやっていた老婦も普通の人とは凡《およ》そ変っていて、朝から晩まで隙《ひま》さえあると病間へ入ってきて観音経をよんでいた。その声が寺の外までいんいんと聞えてきた。荘厳味の溢れるような雰囲気であった。浄源坊のねているところは水道から出た水がたえずざアッざアッと流れていくような小川の側であった。ぼくも中川さんもとなりの小部屋に入って音もたてないようにしいんとして坐っていた。浄源坊はときどき眼をさまして、

「まだちょっとも苦しうない」

と平気でつぶやいている。もう三日もろくすっぽ食事をしていないのでさぞ腹がへるだろうと中川さんもいっしょに笑っていた。そのときの浄源坊の笑い声は普通の人間の声ではなかった。

「そやけど水ものみたいとは思わんのどっせ。かゆなどはカラホヅキがつくといかんさかいたべん方がよろしいやろ。このままじっとしていたらそのまま自然に死ぬのどっしゃろ。そうしていたらだんだん息が出来んようになるのとちがいまっか。さっきから何べんもお経の文句をおもいだしてみるが、やっぱりよう覚えておらんとこがおすな。どうしたわけどっしゃろ」

「そりゃおかしいですな。もうお経は口についてでるようになってるでしょうに」

中川さんはぼくの顔をみて又笑った。

浄源坊は夜の七時頃からふっと口をつぐんで何んにもいわなくなってしまった。中

川さんは浄源さんもいよいよ時期がきて霊魂が肉体からはなれていくのだろう。これからがみものだとしきりに顔を見込んでいる。浄源坊はしずかに眼をおとして頰《ほお》の肉を時々ふるわしている。たしかにどこかいたいか、或いはやめるのであろう。それでもなにひと言口もきかなかった。

中川さんはその枕もとのところで、例のワードの『死後の生活』をぼつぼつ話してくれた。ぼくもよんだことはあるが、どうも死後九段階の生活があるという説には賛成出来なかった。しかし中川さんは、

「この浄源さんのような人は一種の達人だから、もっとこまかい推移を証明してくれるかもしれない」

としきりに期待していられた。ぼくも浄源さんには或る答案みたいなものを予想していた。ぼくにはどうしても死ということがはっきり観念的にも把握《はあく》できない。死は夢に似ているというがむろんそんなことは考えられない。もっと何かしっかりしたものがあるのだろう。

中川さんはあとで話したが、じつは浄源坊と相談して死体に腐敗がくるまでそっとしておく約束をしていた。人里離れて山の中のことであるから、あの附添いのお婆さんさえ承知ならどんなことをしても人に知れる気づかいはなかった。

浄源坊はその晩の十二時に全く息が絶えた。絶息してから何時間かの後にはいろい

ろな現象が起るからしばらくも眼をはなしてはいけないという。山の中の寺の一間で、はげしい水音を聞きながら死体をみつめているのだからとてももの凄くて、ぼくなぞはともすると失神しそうでまったく生きた気持はしなかった。

しかし浄源坊の死に顔はじつに立派であった。さながら笑っているような静かな表情で何のさわりもなかった。暁方《あけがた》になると筋肉に硬直がきて二三度口をあけた。気味がわるかった。何か口走りはしまいかと思ってぼくはその都度びくびくした。けれども何の不思議もなかった。

中川さんとぼくは三日間寺に泊った。四日目頃から少し死体の一部がくさくなり出した。頸筋《くびすじ》と足に変色が来だして眼が急にくぼみだした。何んにもいわない。ただぼこんと頰っぺたがしぼんでますます色が暗くなってくる。いい気持ちじゃなかった。六日目の晩にはさすがにぼくはたまらなくなって、お婆さんと一しょに早く火葬場へ送ろうといいだした。ただみているだけでもこわいので、もうがまんが出来なかった。

中川さんは考えぶかい顔で、

「どうも別にこれという変化がみえないので私は結論が出ないのですよ。しかしたしかに霊界へは入っていったですね。これからそろそろその証拠があらわれてくるのですね」

「浄源坊さんはきっと『入霊界記』をかくといっていたそうですね。何にかくつもりでしょう。再び現世へ出てきて自分の手で筆をとるのでしょうか」

「いや、『念』でかくといっていましたよ。たとえば他人の夢に入って事実を一々くわしく意識させるといっていました」

「夢のお告げですか」

「そういうことはたしかに出来ますな。私もいろいろ経験があります」

「ぼくもそれはむろん信じすぎるほど信じますよ」

「死んだ人の言葉がそのまま他人の意識にのぼるのです。又物事をみることもできるのです。時期の問題がありますな」

その翌日浄源坊は入棺《にゅうかん》して火葬場へ送られた。そして骨になって小さな箱におさめられて帰って来た。

中川さんはクロッフォードの『心霊学』をよんでぼくに説明してくれた。その他にもいろいろな本があって中川さんは丸善書店へいって何かかにか集めてきた。ぼくにはクックの霊の話やリンエ教授の話が頗《すこぶ》る面白かった。

浄源坊の霊はしばらく現われてこなかった。蹴上の寺ではどうかと思って、ときどき中川さんと一しょに出かけていった。浄源さんのあとには了順《りょうじゅん》という若い坊さんが来た。伊勢の桑名の人であった。大学も出ているゆかいな学生みたいな坊さんであった。その人がある晩、ふッとこんな話をした。庫裡《くり》の北窓がこわれたので昨日四条から大工を呼んで修繕させたが、その男が夕方帰る時に寺の門のところで、浄源さんみたような年を老《と》った坊さんに出逢ったという。了順さんはむろん浄源さんをみたこともなかったが、丁度顎《あご》のところに大きな黒子《ほくろ》があったのがふしぎである。そのほかにはそんな黒子のある坊さんは全然記憶にないのだそうである。ぼくもまったく変な話だとおもった。

それから了順さんは度々黒子のある老僧に逢った。一番思いがけなかったのは山科《やましな》の疏水《そすい》の入口で船にのっているところをみかけたことであった。その日には大津の船町の河原田という古い檀家のところへも浄源坊は現われたそうである。浄源坊はいつものように仏間へ上がってしばらくの間お経をあげていたそうです。お布施もちゃんともらってかえったという。

そのわけがよく分らなかった。中川さんもお布施をもらっていったのはどうも変だとしか思えなかった。あの慾のない出世間人が、金銭に思いをのこしているのが理屈にあわなかった。それからも浄源霊はよくお金をもらっていったという。ぼくはその場にいて自分の目でみたのではないからよくわからないが、東山の袋中庵《たいちゅうあん》という尼寺へも二三度出た。

中川さんは浄源さんが出たという話をきくとすぐに現場へいって巨細《こさい》に状況を見聞

した。浄源坊がたしかに幽霊になって出てくることだけは疑えなかったが、その目的なり、原因なりがちっともはっきりしていない。それで反面いかにも浄源坊らしくない行動をとるのが、はじめの約束とちがっていた。はじめはもっと深い哲理にしたがって何か立派な原因をもって出現してくるものと中川さんも予期していた。ところが前の予想とはちがって浄源霊は無目的にふッとでてくる。

ぼくが霊をみたのはそれから約二月位たってからであった。ある日蹴上の寺へいって、彼の位牌の前で拝んでいる時、夕方の五時頃であった。急にそこらがぼうっとくらくなったのでよくみると、眼の前の仏座の前に浄源坊が横向きに立って、両手を合掌して何かブツブツ名号のようなものを唱えている。声も生きていた時とちっともちがわなかった。

ぼくはすっかり落ち着いた気持になって声をかけた。

「浄源さんじゃありませんか。霊界というところはどういうところですか。話していただけませんか。こちらの言葉では話せませんか」

浄源さんは頭をこまかくふって、

「いや、話せんことはないが、話したくないな」

としずかにいう。

「でもあなたは、中川先生にそういう約束をなさったのでしょう」

「いかにも」

そういいながら姿はかき消すように消えてしまった。

ぼくは早速中川さんところに寄って、くだんの話をすると中川さんはふかくうなずいて、

「いや、私のところでも決して話しませんよ。支那の禅僧《ぜんそう》のかいた本にそういうことがかいてあったが、死んだ人の霊には一種の秘語があって、それを示さないとこちらの世界のものにはうっかり話をせんそうです。英国の心霊協会の報告書にもそういうことがかいてあった」

「そうですかなア、昔の人はそういう秘語を学んでいたんですなア」

「初期の仏教はアニミズムだからいろんなことを深く研究して、どうにかして死んだ人の霊と交通したかったらしいですな。そういう方法はいろいろに書かれていますよ。あなたは精神統一の方法を知っているのか」

「きいてはいますが、実際のものは知りません」

「これは一種の数息《すそく》の法といって、日本でも支那でもさかんに研究されたものです。印度は本家だから数世紀前に、或る方法を完成しています」

「どうやるのですか」

「禅宗でやる例の坐禅の、もっと進歩したもののようです。たとえば呼吸によって心

神を静かに調節していわば無我の状態にしておいて霊と霊の交通を無意識の間に完成するのです」

「そういうことがうまく出来るのですかなア」

「出来るらしいです。私も比叡山の行者《ぎょうじゃ》に教えてもらって精神統一をやってはいますが、中々むずかしいです」

と、いって中川さんはぼくの手をとるようにしてその方法を教えてくれた。ぼくが初期に学んだ数息の法が即ちそれであった。今やる統一とは全然ちがって、やや仏教的なやりかたであった。そうして霊を呼ぶのである。はじめは中心がよくのみこめないのでどうしても霊が出てこなかった。

中川さんは浄源坊の約束にこだわっていろんな方法で何んとかして彼の霊を呼ぼうとした。夜人が静まってから念仏をとなえながら四苦八苦して精神を平静にしようとした。比叡山へも何べんかこもった。あそこの阿闍梨《あじゃり》様といっしょに根本中堂におこもりをしたりした。ぼくもお伴で雪の道を何べん登山したかしれない。今は電気索道《ケーブル》があるから何んでもないが、足で登るのは中々大変であった。まだ若かったが無動寺辺まで登ると、もううんざりした。しかし修行は修行である。ぼくは万難を排して統一を得ようと一生懸命だった。

それでも中々浄源霊はかかってこなかった。それから邪道だとはおもったが、人に教えられて伏見の稲荷へも参籠《さんろう》した。そこで一種の統一法の途をひらいた。滝行をやらなければといわれて冬のさなかに滝に打たれた。後に日光山の行者にも導かれたが、それに較べると伏見はグッと優しかった。断食《だんじき》もカユがたべられるのでいくらか楽だった。それに金銭がものをいった。これはとにかくおかしかった。

しかし浄源霊をつかまえたのはぼくの方であった。ぼくの方が中川さんよりも一月も早かった。ぼくは子供の時分の経験が導きになって、非常に霊界に入りやすかった。心霊の方ではラップというものが最初に聞えるが、ぼくのは匂いである。何ともいえない「香《こう》」のようなものが身辺にただよってくると、不思議な浮揚《ふよう》感のようなものがさかんに歯の根にきざしてくる。一種の眩暈《めまい》の感じである。それからものの影が紫がかってみえてくる。それが第二段階である。今は精神統一中にものの動くのがみえてくる。これは京都時代よりも何んだか稍《やや》高級になってきたような気がする。しかしそれはぼくが年を老《と》って、カンが鈍くなったのかもしれないと思って、時々反省している。しかし浄源霊の話はくわしく聞くことができた。ひとつのいい経験であった、とおもう。とにかく霊がかかる方法はたしかに人間をきれいに浄化することはたしかである。中川さんは先年戦争中に亡《なく》なられたが、ぼくはあの当時よく中川さんの霊をみた。中川さんはしまいにはヨガに深入りして西蔵《チベット》へ行くといっていた。ヨガの話も中川さんのは実に面白かった。惜しいことに西蔵へ行かずに、突然肺炎で死んでしまわれた。死ぬ時に奥さんにもうひとつの世界へ行くと遺言していかれた。たしかに中川さんはそう信じていられた。ぼくは今でもよく中川さんの霊に逢う。もう約五十年にもなるが印象がとても深かったのだろう。あの人は心霊学者としてもすぐれたかたであった。

おかよ婆さん

最後まで浄源坊の面倒をみてくれたお婆さん（おかよさん）が冬ぢかい或る日のこと、ひょっこりぼくのところへ訪ねてきてくれた。丁度さいわい中川さんもきていたので三人は別れてから後のことをゆっくり話しあった。おかよ婆さんは相変らず蹴上《けあげ》の寺に厄介になっていたが、間かずがそうないので今度新らしく転任してきた例の若い了順《りょうじゅん》さんと庫裡《くり》の奥の十畳の部屋でさびしい朝夕を送っているのだという。そこは浄源坊が六年ぢかく住みついていたところである。

「そういえば浄源はんがお亡くなりやしてからはこの頃でも中川はんのいわはるように、けったいなことばかしつづきますのえ。一ぺんみなさんにお話ししよう思うてましたの。わてはまったく往生してまんね」

おかよさんはどうにも腑《ふ》に落ちないというようにぼくらの顔をじろじろ見比べながらいう。

中川さんは眼をくるくるさせて、

「それだから私がうるさく頼んでおいたのです。きっと何か変ったことがあるはずだもの」

おかよさんはだんだん顔色をかえてきて、此頃は寺でも皆馴れっ児になってしまって、別に事だってしゃべらないが、実に変なことばかりつづくというのである。つまり浄源さんのお骨はあのまま御本堂にかざってあるから折にふれ、事にのぞんであれが何かワザをするのであるまいか。

「何かほんまに幽霊ちゅうようなものがときどき出るのではありまへんやろか。それでのうては説明がつきまへんね」

いつの間にか、おかよさんも中川さんの口調になってくる。

「そりゃ説明がつかんことがたんとありまっしゃろ。それでなけりゃ私も期待はずれです」

「そうどっしゃろ。幽霊ちゅうような生やさしいものではおへんね。わたしにいわせるとあのおッさんはまた浮かんでいやはりまへんね。こなことというてはいかんけど」

「いや、研究のためですもの。何をいったってかまいませんよ。もともと浄源さんとかたい約束がしてあるんですもの」

「この前にもあんたはんそないいうといやしたえなア。この頃寺では毎晩のように浄源はんのお姿がみえまんね。それで実は一ぺんあんたはんがたにいおう思うて、じつは今日お邪魔しましたんやわ」

「へえ、どんな風をして出てきますか」

中川さんは息をつめてきいた。

おかよさんは生唾《なまつば》をのんで、ぼくの顔をじろじろみつめながら、

「ほん毎晩のように御本堂の仏様の前へいつものなりしてぽかっとたたはりますのや」

「そうですか、もっと詳しく話して下さい」

「くわしくお話ししますが、けったいに思わんとおいてくれやすや」

「そんなこと思うわけがありませんよ。あなたもよく御存知のようにわれわれは浄源さんの死の問題についてはほんとに真剣なんですから。何があってもびっくりするようなことはありませんよ。却《かえ》って研究が証明できてうれしいですよ」

「新らしいお住職さんのいわはるには、あんたはん、この頃浄源はんに別れてから神経衰弱みたいにならはって、ときどき調子が違うてますわ。しっかりおしやすな。気つけないきまへんえ。わてもそう思ってまっけど」

「しかしそれとこれとはちがいますよ。頭痛でもしますか」

「おかげさんでこの頃はとても丈夫です。それでもおッさんのお姿だけははっきりみえます」

「白昼ですか」

「ひるのときもあります。大かた夕方どすな、御本堂の曲ろくのとこや、経机《きょうづくえ》のねきにもよういやはります」

「生前のままですか」

「そうどす。ちょっとぐらいお痩《や》せやしたらしゅうおすな。法衣のお丈けがみじこうなりましたらしいわ」

「それで以前のように、いろいろ話しますか」

「いつも黙っといやす時の方が多うおすな。せんどは長いこと観音経をよんではった。ほんまにありがたいことどっけど……」

「どっちをむいていますか」

「如来様の方をむいてはる時にははっきりみえますな。何べんも何べんも両手を合わして拝んだあとで御名号《おみょうごう》を唱えはるらしいおすな。あのお方はナンミョウほうれんげきょ、とおっしゃる時にちょっとけったいに訛《なま》らはりまっしゃろ」

「あの方は故郷が四国ですから」

「それで十分間位現われていますかね」

「長うて十分位どっしゃろ、時計みまへんさかいよう分らんけど」

「わりかた長い時間ですね」

「ほんまに何処からきて何処へ往きなはるのやろな。ちょッともあとかたもみえまへんわ」

「それは全然分らないですね」

　おかよさんはまったく夢をみているように眼をしょぼしょぼさせていた。咳《せき》をひとつすると口をあけたままお経をぶつぶつよんでいた。まだうつつにはかえらないようなかっこうである。はたからはそうみえた。

　ぼくらはもっともっと何かしんになることがききたかったので、それから三人で蹴上の寺の方へいった。電車に乗るとたった三丁場なのでぼくはおかよさんと並んで乗った。もう日が西へ沈んで、向側の二階家の並んだ列の屋根がまっかに燃えていた。どこの寺の鐘か電車の中にいてもぼうんぼうんと遠く聞えてきた。ぼくは疏水《そすい》のむこうの南禅寺の鐘だとおもって何とはなしに敬虔《けいけん》な気持になった。その頃の京都の街は実に鄙《ひな》びていて、家が少なくてとても美しかった。ぼくらも西方浄土《さいほうじょうど》の思想に囚《とら》われて真紅な夕栄《ゆうばえ》の彼方の国の姿を想望した。

　おかよさんは如意嶽《にょいがたけ》の方を眺めながら、

「ほんまに浄源はんは何処にいてはるのやろなア、あのままいやはらんようになってしまわはったとは、どうしても思えまへんわ」

中川さんも深くうなずいて、

「ぼくらだってそうですよ。あんなにいいのこしていったのですから、もう一度きっと現われてくると思いますよ。かたい約束でしたもの。あのまま無に帰してしまうのはさびしいですよ。長田君、君だってそう思うでしょう。あの骨だって五体の方はちゃんと壺の中に残っているんだもの」

まったくそうだった。夜蠟燭《ろうそく》の光の影でぼくと中川さんは箸《はし》をもって一つ一つ小さな骨までひろって壺におさめたのである。あの水道の水音もきっと一しょに入っているだろう。そんなあの晩春の夜をぼくはもう一度思いだした。

ああしてていねいに分骨までしてめんみつにぼくらは死のむこうをみつめていた。死の彼方の行途をみきわめようとしたのだから、何かもっとはっきりしたものがあらわれなければ、どうしても安心出来なかった。

電車に乗るとおかよさんはどうしたのか突然頓狂な大声をだして、

「なア、みなさん。むこうの腰かけに浄源さんが坐っておいでやすえ。ほ、みてみやす」

電車の入口の方を指さしてあたふたふるえている。

なるほど、すぐ向うの右側に浄源さんが両手を膝のうえに重ねてぼんやりしている。どこかへ檀家まわりにいってかえりらしい。

中川さんはぎょっとステッキを突きなおして、

「やア、浄源さん。しばらく」

と、少し顔を赤くして頭をさげた。ちょっと変なぐあいだった。さすがの中川さんもびっくりしたらしい。ぼくも眼をはなさなかった。

と、浄源さんがはっとしたように顔をあげて笑いもしずにこっちへ眼顔で会釈をする。その様子がどうにも変テコであった。ぼくはふっと気がついてつかつかとそっちへ歩みよっていきながら、ぼくも大きな声を出して、

「浄源さん」

「浄源さん」

とたてつづけに呼んだ。浄源さんはたしかに眼をすえてぼくらの顔をも一度じいッとみた。そして何かいいかけそうにした。たしかにこっちをじッとみた。

中川さんもこっちへ歩いてきて、もう一度はっきり、

「浄源さん」

とどなった。ちょうどその時、電車が角をぐるりと曲って車がぐらぐらッとしたがその拍子に、今迄いた浄源さんの姿は俄《にわ》かにふいと消えてなくなった。

そこで電車をおりてからずっと歩いて寺へいった。みちみちぼくらは浄源さんのことばかり話しつづけていた。

「ほんまにこんなけったいなことあるやろか。むこにいやはったのは、たしかにおッさんどしたえな」

「そうとも、そうとも。ぼくらの方をみてにッと笑いかけたものな。三人揃ってみたんだからこりゃまさか間違いとは思えないな」

「むろんさ。ちゃんと顔をみたんだもの。いくら他人の空似《そらに》とはいうけどまさかあの姿がうそだとはね」

　中川さんはもう真青になっていた。彼はいくらわれわれが幽霊につかれていてもあんなに姿が明明白地《めいめいはくち》にみえたのだから、これが幻影とはどうしてもいえないともう夢中になって主張した。ぼくもむろんそう思った。

　寺へついてその話をすると新しい住職は真顔になって、

「そらそうどっしゃろ。私は寺の裏でもときどきようお姿をみますわ。おかみはんは影やいわはるけどそなことあらしまへん。法衣も浄源さんのお好きやった茶色のやつですわ。黒いのンは一度もみたことあらしまへん」

「そりゃたしかに幽霊じゃないですよ、あなたには口をきくでしょう」

「はっきり分りまへんけどお経はよまはりますな、観音経の三節目はたしかにうかがいました」

ぼくらはそれから本堂へいって一番奥の棚に安置してある骨壺をおろしてきた。住職は一度お経をあげてからでなければ壺をあけてはいけないというので、ぼくらは囲炉裏《いろり》のはたで待っていた。お経がすんで暗い蠟燭の光の中でそっと壺をあけてみると骨はもとのとおり入っていて、ふいと聞くと仏座の奥の方でことりことりと妙な音がきこえた。耳をすまして聞くとそれはたしかに生前の浄源さんの声であった。吃《ども》ったようなかれた声だった。

「中川さん、中川さん」

とたしかにふた声よんだ。おかよさんはすっかり度胆《どぎも》をぬかれて、

「たしかに中川はんの名前を呼ばはりましたえなア。もう一度何かいわはるやろ」

と、耳へ手をあてがって片唾《かたず》をのんでいる。

「あらたしかにおっさんのお声や。おっさんは何処いやはるのやろ。御本堂やろか」

中川さんは沈痛な顔をして、

「そんなことは想像出来ないね。浄源さんが生理的な死をとげたのはたしかなんだから。骨がのこっている以上は肉体の存在が問題になるわけだ。何か不思議な啓示があるのかもしれないね。仏教でいうと同じ意識の中にもいろいろな面があるからね。常識では分らんなア」

「実さい科学的にはたとえ死の事実があっても欧米でもいろいろな学説があるように記憶だとか潜在意識の問題があるからね。今大学で電気的なものをさかんに研究しているのだがもっと分ってくる時機がかならず来るとぼくは信じているな。だから失望していない」

とうとうその晩は寺へ泊めてもらって、いろんな不思議な音響を聞いた。中川さんは一人で大学へ出かけていって、微電気を計る機械をかりてきた。みんなは説明を聞いて夜どおし計測にかかった。もし浄源さんがほんとに念力を残しているのなら、もっと何か影響があるだろうというので、機械をいろんな風に操作してみたが、残念ながら何のしるしもあらわれなかった。

中川さんはすっかりがっかりして、

「やっぱりダメなのかなア、ぼくの理論は一種の古風なロマンティシズムなのかなア、どうも思いきれないなア」

「しかし中川さん。あなたのこの間の論文のように、人間は生きている間に計測しなければダメなんでしょう。殊《こと》に細胞の電気的な作用はね」

「ぼくも本にはそう書いているんだが、それでも微細なことはよく分らないんだよ。細胞電気の総和が必ずしも霊魂だとはいいきれないからね。その基礎的な何かは存していると思うが」

「それじゃ永遠性のある霊の問題はなかなか解釈出来ないですね。浄源さんはまだXらしいものを少しも出していないですからね」

「そんな不完全な機械なぞで計らずに感性から感性へ直接くる知覚でなけりゃ問題の解決にはならないんじゃないですかねえ。やはりそうなると人間の感性が一番正確だということになる。死んだ人の霊魂が念力の方法によって通信してくるのが一番信じられるね。浄源さんはむこうでそれをやっていないのでしょうか」

「いやあの人はもう病気の最後の時には肉体の方が弱っていたからそれに堪えられなかったのだろう」

「それを今からもう一度刺戟するなり、興奮させるなりする方法はないものかなア、実に惜しい機会だがねえ」

ぼくらは本堂へそのまま臥床《とこ》をしいてもらって暁方《あけがた》まで語りあった。どうかしてほんのヒントでもいいからつかみたいと念願した。その暁方までは何の暗示も得られなかった。

しかし電車の中へ現われたように、浄源さんの何かがきっと現実に残っているのである。たとえ匂いでも影像でも何かの形で残っているはずである。

夜のひき明けがたになって又南禅寺の明けの鐘が聞えると、どこかでたしかに観音経を誦《ず》する声がかすかに聞えた。

中川さんは起きあがって、

「何か動いているものがありますね。何ということははっきり分らないけど、何かこっちへ忍《しの》び寄ろうとしているな」

「それが念力の変態じゃないでしょうか」

「そういうことはいえますね。普通のエネルギーでない何かの力の存在です」

「空気でない、こうき〔灝気〕のようなものがこの世界にあるんだな。それをとおして動いてくる或るものがあるんですね。君、じっとしばらく黙って聞いていたまえ。あれは何かのささやきだよ。地球が無限空間を転々としていく音かしら。ぼくにははっきり聞える」

「はははは。ばかに詩人的な気分になってきましたね。この宇宙には何ともしれないものがまだほかにも沢山存在してますね。ぼくらはあまり考えすぎない方がいいですね」

「星と星との間の引力と念力とは関係がないですか。もう十年もたったら、何か分るものが分ってくるんじゃありませんか」

如意嶽の方から鐘の音がいんいんと聞えてくる。もう六時ちかいだろう。浄源さんの霊魂らしいものからは何も消息が聞えてこなかった。三人はどうしてもあの坊さんの姿だけは否定するわけにはいかなかった。何かわからない力——エネルギーが音もなく忍びよってくるこの茫漠《ぼうばく》たる宇宙がぼくには無限のXをもってうつってきた。しかし必ず今に何かがわかると思い込んだ。

白い人影

四国の人、今村勝治さんはその年の冬京都へ中川さんをたずねてやってきた。むろん中川さんの哲学に傾倒してわざわざ教えを乞いにきたわけである。今の人は今村さんを全然知らないらしいが、その時分われわれをあッといわせた有能な心霊写真家である。たいがいの人は彼の作品をみて一度は驚いたものである。ぼくも彼の心霊遊離の画にはまったくまいっていた。故人の容姿を相当経過してから悠々と撮影するのが彼の特技であった。

今村さんは中川さんが雑誌にかいた文章をよんで浄源霊《じょうげんれい》を的確に撮ってみせるといって、はりきってわざわざ讃岐《さぬき》の山奥から出てきたのである。平常の写真の技術も相当うまかったが殊にフラッシュをつかって暗中でとるのが得意らしかった。一番見本みたような作品は市中にもかなり出ていた。ぼくがもっとも感心したのは自殺したある婦人の影像であった。これはたしかに霊の出現を瞬間的にとらえたものである。眼や鼻はことにはっきり出ていた。その時分はやったあのもうろう派とは似てもつかないものであった。その陰画をこさえた時の話をきくと一々うなずけることばかりで、今村さんはその婦人が自殺した現場へ何遍も通ってある瞬間をぱッとやったのだそうである。その瞬間がもっとも重要であった。そこはある停車場の貨物の引込み線で、ある夜の八時頃だったそうである。ひとりの四十がらみの背丈のたかい女が線路のまんなかに茫然とたって片手で指折りかぞえている姿勢である。その女は毎夜現われるとそんなかっこうをして、死んだ日をかぞえて泣くというのである。なるほどたしかにそんな姿にみえた。はじめに発見した駅員はひどくこわがって、やがて鉄道のつとめをやめてしまった。どういう事情でその婦人が自殺したかということはあとでよく分ったが、良人《おっと》が戦死してからいろいろと苦労がつもりつもって、たった一人の娘に何度か心中をせまったそうである。それでも娘はうんといわない。婦人はそれを恨んでとうとう自分一人で死んでしまったのである。むろん轢《れき》死したことはたしかである。ひょっとしたら死にはしまいかとみんなとても不安に思っていたので、いつも十分注意してなるべく鉄道に近づけまいとした。それにもかかわらずその婦人は良人の命日のどさくさにまぎれて突然家をとびだし、駅のところへいって線路へとんであえなく死んだのだそうである。死がいは、ふた目とみられないくらい無慚《むざん》なものであった。

手と足が片方ずつばらばらになって、しかも首も半分ひきずられて切られていた。

その婦人はその翌日から幽霊になって現われた。まっさきに手当をしようとおもって線路へ飛び下りた駅員の前に青い顔をして立った。口もりっぱにきいた。誘いに応《おう》じなかった娘に対する恨みらしいことをくどくどと述べたてる。それは何度もつづいた。いつも同じ繰語《くりごと》であった。娘の名はおたつという。夜の列車が時刻に通過するときまって車輪の下から「ぎゅッ」という唸《うな》り声がおこって列車のはしり去ったあとには、その婦人がしょんぼり佇《たたず》んでいる。列車がうえを通るのだから形が変りそうなものであるが、一向そんな様子はみえない。いつも同じ青い顔をして列車のあとを見送って何かわけのわからないことを口走っている。おたつと呼ぶらしいのである。

そのことが近辺で評判になった。今村さんがそれを聞いたのは一週間ばかりたってからであった。今村さんはこれなるかなと思って早速ある晩単身で現場へ出かけた。時刻になってもあたりはしいンとして何の変テツもない。今村さんはがっかりして帰ろうとおもった。実はいささか中《ちゅう》ッ腹で、線路端《ばた》をはなれようとすると、とたんに貨車の後から例の変な唸《う》めき声がきこえて、その婦人がひょっこり出てきた。その姿がいかにもはっきりみえたので、今村さんはこれならきっとキャメラにうつると、ひとりでうなずいた。はじめはフラッシュをつかうつもりで用意していったが、なんだかぽうッと明りがうつッているようなので今村さんは大胆になって、いっそ一丁このあかりでシャッターをきってやれと平気でハラをきめた。だいたいの距離を計って機をみて三度ほどシャッターをきった。しかしこれではっきりうつッていないと不安になりだしたのは、横からくるあかりが線路端の電燈だとわかったからである。あわてて家へかえって現像してみるとやはりまッ黒で何も出ていない。やっぱりだめだったのかと思って今村さんはそれから何遍も現場へかよって照明の方法をいろいろ研究しだした。どうせその時代のことだからマグネシウムをつかう以外に照明の方法は考えられない。高率な能力をだす電燈なんかむろんないのだから、白昼以外には撮影の手段がない。そこで今村さんは照り返えしのついた器械をつかってマグネシウムをいろいろな量で燃やしてみた。一番あかるい光をさがしてその光で何十ぺんとなく種板《たねいた》の感度をはかってみた。いよいよこれならば何とかなるだろうという程度の見とおしがついたので、それである晩思いきって撮影してみた。十数度もシャッターをきってみた。そしてそれを一々丁寧に現像してみたがやっぱり何もうつッていない。何か白い線のようなものが三四本うつッているのもあったが幽霊らしいものはひとつも出ない。

それでも今村さんはちっとも失望せずに熱心に仕事をつづけていった。およそ百枚ぐらいもとったあとでやっと四五枚何かうつッたのをみつけた。拡大鏡をつかってよくみると白い人間の形のようなものがぼんやりうつッている。同じ場所に出るとみえて映像のほぼ同じ位置にどれにもこれにも同じ白い姿が現われている。よくみると左の手を曲げて肩の方へあげているようである。どれも同じかっこうだった。今村さんはそれでいくらか力を得てさらに百枚ばかり露出させてみた。レンズも一番明るい一・九をつかった。一一〇位な玉もつかった。次の百枚の中には今度は異様なものがうつッてきた。今村さんはほッとしてそれからなお夢中になった。

浄源霊

今村さんが中川さんのところへきて真先にみせたのは後の方の分の五六枚であった。今村さんはとても自慢そうだった。それにはどうも人の姿らしい白い幻がちゃんとみえている。やはり左の手を曲げて上をみている。いくらよくみてもたしかに左の手をくの字なりに曲げている。どれもこれもよくポーズが似ていた。その曲げた手が何故にそういう形になっているのかどうも意味がわからない。ぼくも中川さんと二人でいろいろに考えてみたがうまい答えが出てこない。

今村さんも変に思って駅員にも根ほり葉ほり訊《たず》ねてみた。その駅員は鉄道をやめてから運送屋の使男になっていた。何にしろあのめちゃめちゃな死骸だったから今からでは見当のつけようがない。ずっとあとになって思いだしたらしく、なるほどそういえばあの女は左の手をしっかり握った上から圧しつけられたようにふたつに重ねられて死んでいたように思うなぞともいった。やっと解決がついたのは今村さんが京都へ出てくる四五日前の日であった。

　最後にとった六七枚の写真をいろいろ検討してみるとその白い人像の左横に、もう一人背丈のひくい人間らしいものが寄りかかるように立っている。その種板《たねいた》も一しょにもって来たので更に大きな拡大鏡にかけて綿密にしらべてみた。すると、どうも右の像よりもはるかにキレコミが深く正確にとれている。そこで今村さんももう一層深くその女の生活事情を聞いてまわった。と、はからずも不思議な事実を発見した。世間ではそう珍らしいことでもないが、どうも四十女の未亡人のごけは中々にたたないものとみえ、その女にもかげの愛人が一人あった。村の役場の書記で彼女よりも年の三つ四つも下の男が彼女と関係があった。

「どうもそういえば二人はこの二三年前からとても仲よくしていて、彼女が突然自殺を考えついたのも原因はその男にあったらしいのです。村ではそのおくらが役場の書記の子をはらんだのではないかというものもいました。しかも私通の現場をみたというのです」

「その婦人はおくらという名なのですか」

中川さんは顔をしかめて訊ねた。

「おくらという名は、私も実は前には知らなかったのです。死んでからはじめて村の人がそう呼んでいるのを知ったんです。おくらはとても陰では浮気もので、亭主の生きているうちからいろいろな噂《うわさ》もあったというのです」

「それでは、わきに立っている男の影は誰れだかよくわからないじゃないですか」

「しかし、横顔がとてもよくその男に似ているというんですよ。そういえばよくみると髪も真中から二つに分けているようじゃないですか」

「そうもみえるが丸刈《まるがり》をしているようにもみえるですね。たしかにその男にはちがいないのですね。むろんこれは現在生きているのでしょう」

「そうです。今、十里ばかり先の役場へつとめています。私たちの村から移っていったらしいのです。猥雑な噂がさかんに立ちましたからね。恥ずかしくて、いられなかったのでしょう」

「それじゃとにかくこの像はその男ということにしておきましょう。なるほど、その男が現在でも生きているとすれば、死んだ人の霊よりも正確にうつるという結論もなりたつわけですね」

中川さんはそうきめているような口振りであった。

今村さんはそのあとで浄源さんの話をもちだして、あの坊さんなら中川先生のイキがかかっているからきっとうまく撮影出来ましょう。ぜひ私にとらして下さいと折入ってたのみだした。ぼくもわきで聞いていてこれは面白いことになったものだとおもった。きっととれるとぼくも実は心の中ではそう信じていた。

その翌日ぼくらは今村さんをつれて蹴上《けあげ》の寺を訪問した。今村さんは慎重を期してしじゅうつかっている組立ての愛用機をもっていった。レンズは自慢の一・九であった。種板も浅沼の別製のやつであった。ぼくも実は大学の学生時代から写真道楽で、アマチュアとして相当なものをとって楽しんでいた。したがってその日も今村さんと中川さんと一しょに蹴上へいった。

撮影は今村さんの発明した光があるのでむろん夜から始まった。一番はじめに中川さんがぼくにも統一に入れというので本堂でまずぼくが数息《すそく》をやった。約十分ぐらいでうまく眠った。といっても意識だけがはっきり残っていたのはむろんである。

今村さんは仏座の前にキャメラを据えた。マグネシウムをふんだんにたいた。昼のように明るくなった。そのなかで、少くとも半ダースの種板を露出してみた。ぼくははっきり音が聞えるように愛機を今村さんの隣へすえて、これも十枚とった。

寺の押入の中へ暗室めいたものを用意していたので、映った分はかたっぱしから現像していった。まるでうつッていないのも二人で半分ぐらいあった。しかし阿弥陀如来や脇士《きょうじ》がかすかにうつッていて成績としてはまずいい方であった。浄源さんの姿はむろん誰れのにも出てこなかった。光の変化もない。

中川さんはがっかりした。

「やあ、これは浄源さんが出て来ないのは、たしかに条件が揃っていないからですよ。誰れかにお経をよんでもらって、わきで線香をたいて鐃鈸《にょうはち》をたたいたり、鉦《かね》をならしたりしてもらうんだ。そういう環境をつくったら、きっと何か映るだろう」

今村さんも賛成であった。そこで新住職の了順《りょうじゅん》さんに手つだってもらって読経の仕度をした。浄源さんの好きな観音経をよもうというのである。それでキャメラを二三カ所移動させて、いいところで二人でまた十枚ずつとった。それでも何んにも出て来ない。ぼくは少し気をいらって、

「ねえ、中川さん。変なことをいうようですが、一体あのおかよさんと浄源さんは、どういう関係だったんでしょう。ただの手伝い婆さんだったんでしょうか」

「むろんそうでしょうね」

「そうですかねえ」

「私はあの人に何か疑いをもったことなぞありませんよ。あの人は誠実そのものでしたからねえ。あんな気持のいいひとはありませんでした」

「しかしぼくは故人に対して相済まんですが、おくらさんの場合もありますからね。いろいろ変にかんぐってみたんです。あの場合にもたしかに村役場の書記のことが関

連があるんなら、浄源さんの場合にも一応歪《ゆが》めて考えてみる必要があるんじゃないでしょうか」

「そんなバカな。ぼくは二人の年を考えてみたってそんなことがあろうとはおもえません。枯木のごときものでしたからなア」

今村さんも話を横から聞いて、

「口を出すようですみませんが、浄源坊にも何か秘密があったんですか。四国でも坊さんには中々信用の出来ないのがありますからね」

と、いってクスクス笑っている。

ぼくはちょっと恥かしかったが、思い切っていいだしてみた。おかよさんは三条まで使いにいっているというので帰るまで待ってみて、さて本堂へ同坐してもらった。おかよさんに遺骨の前へ坐ってもらって浄源霊の出現を誘発しようというのである。われながらぼくは浅薄《あさはか》な計略だと思ってよく考えると顔から火が出そうなおもいだった。

夜が更けるにつれて観音経が変にいんいんと天井へひびいた。おかよさんも鏡板《かがみいた》のうえへ端坐して合掌した。それへ後と横からぱッとフラッシュを浴せかけて静かになったところで今村さんとぼくは又十枚とった。光の工合はばかに良好だった。何か仏座の奥で水の流れるようなシュッシシュッというひびきが聞えた。ぼくにはちっとも聞えなかったが、おかよさんにははっきりきこえたそうである。おかよさんは平常は少し耳が遠い方だったがそれでも浄源さんに限っていろんなささやきまで聞えたらしい。

　今村さんは深いためいきをついて、

「私もシュッシュッっていう音を、何度もききましたよ。たしかに感応があったらしい。現像するのがたのしみですな。今度はきっと、何かうつりましたなア」

と、息をはずませている。

　ぼくも今村さんと一しょに暗室へ入った。プレートをそっと現像液を入れたバットのなかへ浸してじっと息を殺して待っていた。赤燈の光でみるとプレートの上には白いものがいくつもういている。エマルションがだんだん浸蝕《しんしょく》されていくにつれて円いものが二つ三つみえてきた。ぼくのよろこびはたとえるものがなかった。人の顔らしいのである。

心霊写真

結局所定の時間がたってプレートにあらわれたのは瓢簞《ひょうたん》形をした二個の白点であっ

た。ふちがぼうッと境界のわからない、ちょっとみには人間の符牒《ふちょう》のような斑点である。拡大鏡にかけてみるとますます人がたにみえてくる。ふたつの人がたは、だんだん接近してやがてひとりの人間になってくる。頭がある、顎《あご》がある、肩がある、手も足もどうやらそういう風にみえてくる。最後にはそうだとおもえば浄源《じょうげん》さんが両手を膝のうえでかさねて、少しこごみかげんに、頭を下げて坐っている形にみえてきた。影像の濃淡がいろんな風にみえる。

中川さんはおどりあがらんばかりによろこんで、

「やア出た、出た。今村さんも長田さんもよおく注意してみて下さい。こりゃたしかに浄源さんですよ。頭にコブのようなものがみえるじゃありませんか」

おかよさんもとんきょうな声をだして、

「お、ほんまにそうどすな。横顔なぞそッくりどすやないか。何んとか口きいとくれしまへんやろか。おッさん、おッさん、一ぺん返事しとくれやすな」

おかよさんはもうわっとせきあげて叫んだ。

それでもプレートの映像はうなずきもしなかった。中川さんも涙ッぽい声になって、

「写真と現実とはちがうです。いくらしゃべれといっても、そりゃしゃべりませんよ。すがたを想像するだけで満足するしかありませんねえ。だが、いいあんばいに今度の心霊写真は成功しましたね。たしかにうつるということはわかりましたよ。大成功だ」

ぼくらは執心《しゅうしん》した甲斐があって、浄源さんをレンズでとらえたことは確《たし》かであった。中川さんはさっそくその写真をもって大学の研究室へみせにいった。研究生や教授の間ではいろんな解釈が下された。無条件に信ずるものが三分の一以上あったのはたしかに特筆大書すべきことであった。その時分京都大学の心理学研究室にいた人なら今でも忘れないはずである。影像の不確実さは更に研究する価値があった。

その後、もう一度蹴上《けあげ》の寺で撮影会を催した。その時には井上啓三博士も酒井満広博士も、松村省次学士も列席した。その他アマチュアの研究家も六人きた。この時も夜の八時から深夜にかけて、前と同じ形式でうつしたが、今度はどうしてもうまくいかない。いくらやっても白点さえうつらない。みんなはがっかりした。ぼくはひとりあとにのこって、

「ねえ中川さん。やっぱり霊魂が再現するにはチャンスがいるんじゃないでしょうか。その証拠には、ぼくは前の時のようにシャッターをきるときに、変にワクワクしませんでしたもの」

「そうですかねえ。その理由は、どういうことですか」

「それはね、やはり一種の精神作用がそばから協力するんじゃないでしょうか。ああごみごみ見物がいたんじゃ、どうしても或るエネルギーの統一が出来ないとおもうんです」

「たしかにそういうことはいえますねえ。英国あたりでも霊媒が現象を出すときには、一対一か、特に親近な人たちが集まってしずかにやるのが原則らしいですな。そういうことはいろいろな本にかいてありますね」

「そうでしょう。ですから多くの人にみせるのはやめにして、明日はあなたと今村さんとぼくとたった三人きりでやりましょう。キャメラはぼくがやりますから。まだ人にみせる段階じゃないでしょう」

その翌晩はたった三人きりで撮影をやってみた。ぼくは自信がなかったが、とにかく勇敢にやってみた。プレートも市中で三四箇所の店をさがしてやっと新鮮なものを三ダース買ってきた。そこの店員はつい昨日入ったものだと自慢していた。

深夜の二時に了順《りょうじゅん》さんに又読経してもらい、おかよさんにもわざわざ起きていてもらって中川さんと今村さんとぼくはマグネシウムをたいて、何遍もシャッターをきってみた。シャッター二十分の一とバルブのときもあった。すぐに押入へ入って現像してみると不思議なことに、なかで半数はこの前のように白像が映ッている。しかもどれも同じ半坐像であった。濃いのもあれば、しかと判明しないような暗い姿もあった。

「ねえ、長田君、君はむろん精神統一をやったんでしょう」

「むろん、ずっと始めッから終りまでつづけてやりました。ぼくの記憶によるとこの濃いやつはとくべつに念をこらしてやったときに映ったものらしいですな。ですからもっと深く統一が出来ればもっとうまく映るかもしれないですね」

それからも何度も何度もくりかえして撮影した。一々記録を残しておいてやったから、とてもうまくいくようになった。その頃には今村さんももう郷里へ帰っていたので、一々報告すると同時に、影像はみんな送ってやった。今村さんもそれに刺戟されていろいろさらに工夫して撮影したので、立派な心霊写真らしいものがたくさん出来上がった。なかで今でも感心しているのは死んだ子供の姿であった。それは疫痢《えきり》で急死した五、六才になる男の子の写真である。これは病院のベッドに寝ている仰向《あおむ》けの姿が生きている人のように、はっきりうつッていた。ただ変《へん》なのは眼をあいていない。口もだらりとあけて、鼻の穴に白い綿のようなものがどの絵にもどの絵にも白くつまっていることであった。

亡父の姿

それから四五年は心霊写真にこって何枚うつしたか、どういうものが現われたか、今ではよく記憶していない。おぼえていないくらいだから、そんなに眼をみはらせるようなものはできなかったに相違ない。ずいぶんいろんなデーターもあつめたが、これというものはなかったようである。心霊写真というものはどういう記録をとっておいても、その次にうつす時の参考にはならぬものである。たいがいあてずッぽうにやるしかないものである。前にうまくいってもその次が必ずしもうまくいくとは限らない。だから、だんだん飽《あ》きてくる。ぼくなぞは相当熱ッぽい性分だが、それでも百枚中やっと二枚か三枚しか何か形のあるものが映らないとなると、さすがにうんざりする。それでもよくあれだけつづけたものである。今は種板《たねいた》さえ残っていない。旅先であるから一々アルバムにしておく余裕もなかった。今ならフィルムであるから少しは残せたかもしれない。その時分は硝子《ガラス》板だからもって歩くのはおもかった。だからつまり三四年むだにしてしまったことになる。もっとも鶴蝶《つるちょう》という舞妓《まいこ》の寝顔《ねがお》をとっていて、ふッと死んだ春菊の顔らしいものが二重にダブってあらわれたことはある。それは人をびっくりさせたが、今エンラージした記念の画をみるとそうたいしたものではない。

その時分、江上翠波《すいは》という若い画家と友だちになって、何度か坐像をスケッチしてもらったが何枚目かに不思議なことがあった。円山公園の薄原《すすきはら》のなかでかいてもらったぼくの横顔のわきに小さな、もう一つの顔が現われた。それはだれにみせても春菊の顔だという。そういえば顎のあたりがそっくりであった。そんなことが前後三四遍あった。

ぼくは四年めに東京へ帰ってきた。その頃は時世のかげんで怪談会が実にさかんであった。『大法輪』に徳川夢声さんがかいていたあの話はそのなかのひとつである。あれはどうもほんとうのことが現われていないから少し補足させてもらう。あの怪談会は京橋の画博堂《がはくどう》という有名な画商の店の二階でやったのである。あれにかいてあった人以外に、もっと洋画家や雑誌記者なんかも四五人いた。ぼくも会員であったのでむろん列席したが、あんまり恐かったのでそれ以来ぷっつり会をやめてしまった。まことにいくじがないようだが、あの時は実さい恐くて、もう二度と再び怪談会なんかやる勇気はなかった。それほどにぞうッとしたものである。

名前は忘れたが、田中河内介《かわちのすけ》の話をしたのは二十七八の青い顔をした、せのひょろ長い、結核患者みたいな青年だった。むろん飛び入りの臨時会員で、ぼくなぞは変な人が来たナぐらいで別にそう注意もしていなかった。しかし順番があたって怪談をはじめたときは何遍かぎくりぎくりと吃《ども》って、

「この話は門外不出にしているんですが」

とつぶやいて妙な顔をしていたのを、ぼくははっきり覚えている。泉州堺《さかい》の沖で田中河内介を船にのせて海中へ漕ぎだし、その船中でだしぬけに彼を虐殺したのである。船板へ河内介を寝かせて五寸釘で手足を打ちつける。そのありさまは眼をおおわしめ

るように残酷であった。釘を打ちつけるたびに河内介は息を呑んで苦悶してもだえる。聞いているぼくらも皮膚から血がふき出るようでまったくいやだった。とたんに話していた青年は、

「うッうッ」

と唸《うな》っていきなり俯向《うつむ》けにばったり倒れた。変だなッと思っていると鉛色《なまり》をした顔をふりあげて何にかぶつぶつうめいたようであったが、それッきり両手で胸をかきむしってまた俯伏せになってしまった。きっと激しい感動で心臓まひでも起したのであろうと司会者もふるえあがって近所の医者をよんできてそのまま階下でみてもらうと、どうも工合が変だという。ぼくらはそれだけしかみていないが、その晩、その青年は家へ帰ってそのまま落命したのだそうである。その晩はとくに趣向《しゆこう》をこらして恐いふんいきをこしらえるために盆燈籠《ぼんどうろう》を釣ったり、蓮の葉のうえに飯をもってくわしたりしたので、それがなおそういう感じをつよめたらしい。田中河内介惨殺の話はずっとあとになってぼくは木下博士から維新史の一節として聞かされたので、その当座は何もしらなかった。だからどうして殺ろされたのかよくわからなかったが、とにかく殺ろしの場面はまったくもの凄かった。たしかに河内介の亡魂が現われてきて、その青年に不思議な死を与えたとも解釈出来る。考えれば考えるほどいやな話であった。

ぼくはその翌々年、突然慈父の急死にあった。ふだんから腎臓がわるくてたんぱく、

尿を出していたらしいが、その時分のことだから医者でいながらそうひどく気にもしていなかった。で、ぼくはおやじを京都へ招待して親孝行をしがてら長年の労苦を少しでも慰めてやろうと思って予め《あらかじ》一週間ばかり診察所をやすんでもらって、ひとりぶらぶら東海道の汽車旅行をたのしむように、旅費万端の準備をしておいた。ところが京都駅へ迎えに出てみるとひょっこり下りてきたのは母親たったひとりである。がっかりしてきいてみると、父は急患があってどうしてもぬけて来られない。それで折角だからお前代りにいって来いというので私がかわりに来たという。はりきっていただけに、ぼくの失望はどんなに大きかったか、まったくしばらくは口もきけない程だった。

翌日方々をスケジュールどおりに見物して歩いて、さて姫路からわざわざやってきた、すぐ下の妹と三人で北嵯峨《きたさが》へ遊びにいった。その帰途、京都御所へ見物によった。丁度今上《きんじょう》陛下の御即位式のあとで、御所は全部解放して一般民衆の見物を許していた。めったとみられないところだけにおふくろはとてもいきたがっていた。ぼくはめんどうくさいので御所なんかよして有名な瓢亭《ひょうてい》へ昼飯をたべにいこうと主張した。だがおふくろは泣いていやがるので仕方がなしに御所へ自動車を廻わした。御所は夕方なのにかなり混雑していた。紫宸殿《ししんでん》をみて、長廊下を小御所の方へ曲ろうとするとたんに、薄暗い衝立《ついたて》のかげからひょッこりおやじが背広をきてサックを右腋《わき》へかかえてとっとこっちへ歩いてくる。いつものくせで少し前屈《こご》みになって何かぶつぶつ口小言みたいなことをつぶやいているような恰好である。ぼくははッとしていきなりおふくろをよびとめて、

「ねえ、お母アさん。お母アさんも人がわるいなア、お父さんはやっぱりきているんじゃないか。さ、一しょになろう」

と、いってぼくはよろこび勇んでおやじの方へかけだした。角を曲って小御所の方へいったが、おやじはどうしたのか影も形もない。見物人がざわざわしていて、どこをみても似た背広姿さえない。

「お父さアん！　お父さアん」

と、ぼくは泣き声をだして大廊下をよんでまわった。

おふくろと妹は気でも狂ったとおもったか、けげんな顔でそそくさぼくを追ってくる。

「あんた、幹さん、どうしなさった。お父さんは、ほんとうのことをいうと細川さまの御後室さんが急に御病気で箱根の御別荘へお見舞いにいらしったんです。それで新橋の駅のプラットフォームへ上がろうとして、あすこで倒れておしまいなさった。軽い心臓の御病気らしいですよ。あんたが心配するといかんから決して話してはならんといいなさったけど」

やっぱりそうだったのかと思ってぼくは胸をしめつけられるように苦しかった。

瓢亭から吉蔦へ廻って、例のとおり雛妓《おしゃく》や老妓をよんで悲しみを忘れたくて、さんざん飲みぬいた。それから翌日も宿へ帰らなかった。その翌々日おふくろはひとりでしょんぼり東京へ帰っていったが、それから四五日たった或る晩ぼくは変テコな夢をみた。暁方《あけがた》の四時頃だったがぼくの眼の前には変に柱の長い神殿がみえてきた。屋根がない。その下に石段が数百段つづいて、下から「ワッショイ　ワッショイ」とさわいで、色も何もぬってない棺桶《かんおけ》みたな白木のおみこしが大ぜいの人にかつがれて石段を非常ないきおいであがってくる。あッとおもうと観衆がわあッとさけんで二つにわかれるなかを、そのおみこしはあべこべにまっさかさまにひっくりかえってどっと下へくずれ落ちていく。実にいやな夢だった。丁度その四時何分かにおやじは狭心症《きょうしんしょう》をおこしてあえなく息をひきとったのである。ぼくが東京へかえったのはその翌朝であった。遺体に対面するとおやじは長い病気ではないから面窶《おもやつれ》なんか少しもしてなくて、生きていた時のまんまだった。よくしらべてみると右の肱《ひじ》と肩に大きな傷をしていて青黒く内出血をのこしていた。あとで誓願院の和尚さんに夢占をたててもらうと、あの夢のなかでおみこしが落下するときに何かにぶッつかってそこを打ったのだろうということ。

「じゃ、あの時おやじの霊はあのおみこしに乗っていたのですか」

ときくと、和尚さんはまんじりともせずに、

「そら、むろんですがな。たしかに右の方へ肱をついてこけはったらしいな。もうお母アさんが京都へきやはった時分からお父さんはあんたとこへきてやはったんや。そやさかいに御所ではっきりお姿がみえたんどすやないか。お姿がお顔から手までようみえましたやろ。お父さんはたしかに成仏してはりますな。御命日にはわてがいてお経あげますわ」

　和尚さんは顔色もかえずにぼくをはげましてくれた。ぼくは泣けて泣けてしようがなかった。

巡礼の霊

　ぼくは自分でだんだんふかく瞑想していって、やっとある理解らしいものに到達した。霊界に入った人がふたたび現界に現われてくるためには、いろいろなむずかしい条件があることを、ぼくは身をもって体験した。一番重要な条件はその人独得な意識をもっていることである。幽霊をよくみる人は、潜在意識《せんざいいしき》を直接に感ずる特殊な精神

構造をもっている。心理学的にいって、たしかにそういうことがいえる。つまり感覚が人とちがっているのである。霊界は現世とは次元がちがう世界であるから、自然感じかたもおのずからちがってこなければなるまい。多くの経験がかたるように心霊現象をふつうの世間並に感じとろうとしていろんな科学的な操作をやるから、結局はいずれも失敗におわるのである。たとえば写真のごときは、あれほどにいろいろやってみたが、霊に人工的な光線をかけてみたところで映るものではない。あとになって、かなり精巧な赤外線光線などをうまいぐあいに研究して照写してみたが、やはり成績は頗《すこぶ》るよくなかった。赤外光線は人間の視覚には、あるいは不可視なものかもしれないが、しかし霊の側からみれば実に何んでもみえるはずである。ウラニウムの採鉱《さいこう》の方法をみても、それは明白である。人間の世界では不可視なことはいくらもあるが、光線の照射のようなことをしないでも人間にも冥々の間に感じる方法はいくらでもあるのである。ぼくが実験の際にもちいるかくれた潜在的な単語のいくつかは忽《たちま》ち感得されるのである。それと同様、いわゆる予知の事実もたしかに現存するのである。すぐれた占者《うらないしゃ》のような場合、将来の運命など一々わりださなくてもぴたりとあたるのである。

ぼくはおやじが死んでから幾度もその霊がまざまざと出現してくるのにでッくわした。心霊写真もたびたび撮影してみたが、ただみえるだけで種板《たねいた》には例の白像しかうつらなかった。いくら精神統一をやり、念をこらしてやってみてもだめなのである。そのくせすがたがみえるだけではなく声もはっきり聞える。

ぼくは京都から帰ると招かれて伊勢へいった。松阪の町に堀内鶴雄さんという文化人がいて、年に何度か東京の作家や俳優や学者を自宅へ招いて滞在させてあそばしてくれた。気のおけない実に粋な人で、ずいぶん酒ものませてくれたり、ご馳走もしてくれた。東京からは佐佐木《ささき》信綱《のぶつな》先生や、喜多村緑郎《きたむらろくろう》君や、市村座の連中がいつもいってては自分の家のようにのさばって歩いていた。市村座の連中や先代の高麗蔵《こまぞう》や俳人の誰彼はみんなぼくが紹介したのである。

ある年の夏、東京でも非常なはやりだというので深夜、禁《きん》を冒《おか》して例の怪談会をもよおした。どうせやるんなら、ウント薬をつよくしてやろうというので、会場を松阪町外の海会寺《かいえじ》という凄い寺院で開いた。むろん土地の堀内さん自身の趣向であった。その寺には明治初年に了玄《りょうげん》という悪僧が住職をしていて、そこでしばしば強盗を働き、人も何人か殺しついに摑まって死刑に処せられたという稀有の由緒《ゆいしょ》のあるところであった。みるからこわい場所だった。現今は松阪も大火があって以来すっかり変って、あとかたもないが、先年ついでによってみたら海会寺はほとんどみるかげもない廃寺になっていて、あとは神戸製鋼の工場になっていた。むかしはうっそうとした深い雑木林にかこまれ、いわゆる昼なお暗い、女などは昼でもうっかり通れないような恐いところであった。そのうえ、了玄が殺人をやって寺へかえってきたときの血の手形ののこった雨戸のあとや、友人の坊主の托鉢がえりを後から襲《おそ》って金銭を強奪してなぶり殺しにしたあとなぞ、まだまざまざとのこっていた。寺前に古池があり、そこに掛茶屋があって婆さんが駄菓子などうっていた。ぼくは妙にそのグロな風物が気にいって朝なぞよく散歩にいった。その頃の作品『悪僧了玄』も実はそこで資材を得てかいたのである。そのほかにもうひとつ林の中に道があって、ずっと昔、旅の巡礼の親子が盗賊に殺害された事実があったりした。近辺の住民たちがその霊を慰めるために草叢《くさむら》のなかに石燈籠《いしどうろう》をたて常夜燈をともしていた。そういう陰惨とした雰囲気のなかでわざわざものずきに、怪談会をやろうというのだからたしかに度外れた冒険であった。霊を恐れぬ不敵な業《わざ》であった。

主催者が土地の豪家の堀内さんだから町からもたくさん参加者があった。ぼくはそれを制限して総数七人で晩の七時からそろそろ始めた。第一番が町の人でその次がぼくの番である。百物語の定例にしたがってぼくが度胸だめしの役をひきうけた。つまり暗闇《くらやみ》の中をたったひとりで検分してあるく役である。あんまりいい気持はしなかった。まず常夜燈を消してうっそうとした森林の中の径《こみち》を、たったひとりで足さぐりに歩いていくのである。それこそちみもうりょうが集まってくるようで闇がみていられなかった。今でもぞっとする悪所であった。そこを過ぎると「蛇の枕」と称する古沼があって、昔はうんと蛇のいたところであるそうだ。そこまでくると例の石塔兼常夜燈のあたりで、がたんがたんと機《はた》をおるような不思議な音がつづいて、丁度道のゆくてに白い坊主が忽然《こつねん》とたちふさがった。ぼくは思わずワッと叫んでうしろへ引返そうとした。そのとたん冷たいものがいきなりムズとぼくの襟首をうしろからひっつかまえた。よくわからないが水のなかからあがってきたような手であった。たしかに指の触感を感じた。ぼくはどんどん逃げだした。そこから海会寺までは三丁ほどである。やっと掛茶屋の行燈《あんどん》がみえるようになると、ぼくはわざと落着いた声をだして、

「やア諸君、怪物が現われましたよ」

というと同時に、バンコの上へへたばってしまった。ぼくはビールを一ぱいぐうっと呷《あお》ってうしろから冷たい手でつかまれた話をした。みんなはブルブルッと息をのんだ。それはたしかに巡礼の幽霊だという。なかにひとり昔のことをおぼえている老人がいて、巡礼親子が殺された当座はもっとものすごい幽霊が度々現われたのでその道を通る人は全くなかった。そこでわざわざ常夜燈を寄進したのだということである。

ぼくのあとの三人目の男が同じ森へ入っていく番であった。それは町の質店《しちみせ》の旦那だったが懐中に蠟《ろう》マッチの束をひそませていった。感じの鈍いような無口の中年男だった。みんなビクビクしながら待っていると、その男は二十分ばかりすると蠟マッチの太いのを指にもってふるえながらほうほうのていで戻ってきた。

「やア私もみました。あれはたしかに幽霊ですよ。マッチをすってよくみましたが何んにもおらんのですが、ただ機をおるようなパタリッパタリッちゅう音が長いことつづいていました」

たしかに何か出てきたらしい。堀内さんの説によるとその巡礼は心臓を突かれて死に、伴《つ》れの女の子をかばってそこらをのた打ちまわった形跡《けいせき》があったというから、さぞこの世に怨念《おんねん》をのこしていったろう。それだから次々と化けて出るのだろう。その次の四番目の人は何もみなかったが、五番目の男は唇の色も何もなくなして、地面を這《は》うようにして逃げ帰って来た。その男は棒みたいなもので肩をつようたれたといって痛そうにおさえていた。行燈の光でよくみるとその肩に丸い打撲《だぼく》傷があってうすく黒血がよっていた。

ぼくは以前の画博堂の会のことを思いだしてあとをつづける勇気がなかった。それで中止にすれば何ごともなくてすんだのだが、あんまり若い人たちがワイワイいうのでみんなにも相談してさきをつづけることにした。

いろいろこわい怪談があってもうそろそろ夜半の十二時すぎになると、突然暗闇の中から変な人声がして人力車の車夫の姿をしたじいさんが、提灯《ちょうちん》をぶらさげてぽっと現われてきた。僕は死んだ巡礼が人間の形をして出現したとおもった。さすがの堀内さんもぎょッとしてたちあがった。とその車夫はふるえ声で、

「中嶋はん、急病がでけましたさかい、わしの車にのって大急ぎでおうちへ帰っとくれやすな」

という。その車夫は会員の中の中嶋さんの家からたのまれてきたのである。中嶋さんというのは第四番目に幽霊をみた料理屋の旦那であった。中嶋さんは怪訝《けげん》なおももちで、車夫に案内されてやがて車の待たしてある寺の裏の方へ、そそくさかえっていった。

　それでみんなは妙におびやかされてとうとうそのまま会をやめてビールをのみだした。翌朝中嶋さんのうちへ電話をかけてきくと昨晩まで、何事もなくピンピンしていた細君が突然胸がいたいといいだして医者のくるのも待てずに店の間で苦悶して急死してしまったという。かかりつけの病院にみてもらうと、これはうたがいもない狭心症だと診断したという。いろいろ手当をしてもムダだった。そのことが町中へぱッとひろがった。誰れも彼も色を変えて仰天《ぎょうてん》した。ぼくは今でもその時の情景を考えると

慄然《りつぜん》とする。むろん偶然の一致には相違ないが、それは世間の常識であって、ほんとうはただそれだけでは説明がつかない。当人の細君が前にハタのような音を聞いているとか、幽霊をみているとかいうなら別だが、何の誘因もなしに俄然狭心症をおこすのが不思議である。ふだん相当酒をのんだ婦人だそうであるが、その四五日前から頭痛がするといって盃を手にしなかったという。

ぼくはその葬式にもたちあったが、それ以来一切怪談会はやるまいと重ねて心にちかった。もうこわくて怪談なんかブルブルであった。しかも趣向をこらすなぞはもってのほかである。

この禁を犯して、それから二年ばかりたって、ぼくはある人にすすめられてまた向島《むこうじま》の入金《いりきん》という有名な料理屋で性懲《しょうこ》りもなくある夏の晩、死んだある女の追善会をやった。むろん怪談ではなく、ほんとにまじめに追善福のためにちゃんと坊さんにきてもらってみんなと夜どおし飲み会を催した。その時の故人というのがまた非常に不思議な因縁のある若い雛妓《おしゃく》であった。話はこういうのである。ぼくの友人というのは丸菊《まるぎく》という有名な芸者屋のおやじで、その頃二十三だったとおもう。その丸菊のおやじは一年ほどまえから千葉生れの抱妓《かかえ》の雛妓きぬ子がとても好きになって、おふくろさえうんといえば将来は嫁にするつもりでいた。むろんまだ肉体の関係はなかった。当人が涙ながらに打ちあけたのであるから、ぼくはほんとうだとおもう。

その雛妓は芸名をぽんたといって十六だった。丸菊のおやじはその年の春、ぽんたともう一人芸者をつれて、ぽんたの故郷である鴨川町《かもがわ》へあそびにいった。ぽんたはうれッ妓《こ》であんまりよくかせぐので慰労の意味もあって遊びにいったわけである。ところが鴨川町の宿屋に泊って一ぱい飲んでいると、ぽんたは散歩をしてくるといって、突然浜へ下りてひとりでふらふらしながら岬《みさき》の岩の方へいった。あんまり帰って来ないのでみんなで心配してさがしにいくと、どうしたのかどこへいったのか、影も形もみつからない。翌日の暁方《あけがた》、沖から帰ってきた漁師の船が宿屋から十四五丁の波間でぽんたが水上に漂っているのを発見してつれ戻ってきた。むろんぽんたは死体になっていた。派手な友禅の単衣《ひとえ》をきて、帯の間へ舞扇をさしたまま冷たくなっていた。何が原因でそんな自殺をとげたのか、かいもく見当がつかなかった。二丁ばかり東の岸の汀際《みぎわ》に下駄がそろえてぬいであったので覚悟の自殺だということはわかったが、どうしてそういう気になったのか全然心当りはない。だんだん周囲の事情を調べてみると、ぽんたはその少し前にある座敷で、客の前で舞踊がまずいとこきおろされて、さんざん恥をかかされた事実が、やっと判明してきた。恥をあたえたのは意地がわるいので評判の小蔦《こつた》という老妓だった。それを苦にやんで死んだことはたしかであった。ぽんたはみかけによらない小心な女だった。

丸菊のおやじは一時狂気したようになった。ぼくの家なぞへもよく遊びにやってくるようになり、いわば霊の研究に沈潜《ちんせん》していった。ぼくは実にいい話し相手でもあり、慰め手であった。したがって命日になると浅草の円精《えんせい》さんというお坊さんに出向いてもらって毎月祈禱の会をした。

入金の時にも円精さんはむろん導師であった。ぽんたも生前は入金のおえんさんという老女中がとても好きでよく客につれていってもらっていた。

その晩、もう十一時過ぎてぼくは帰ろうと思って座敷をたつと、おえんさんが色をかえて帳場からとんできて、

「ねえ先生、今夜は宵の口から変なことばかしあるんで、おかみさんも皆さんも気にしていたんですが、果たしてぽんたさんの幽霊が出ましたよ」

と、ぶるぶるふるえている。

ぼくもゾッとして、

「冗談じゃないよ。みたのかい?」

「いいえ、まあこの足あとをみてごらんなさい。こりゃたしかに幽霊の足跡ですよ」

といって、廊下のうえへ蠟燭の火を押しつけるようにしてみせる。よくみるとよく拭きつけた縁側のうえへ小さな足跡がぽつりぽつりとついている。おかみがひどくきれい好きなので、この廊下は日に二三度ずつ拭くことにしている。

「さっきも私が雑巾《ぞうきん》をかたくしぼって念入りに拭いたのです。そのあとがこの通りで

すもの。おきぬさんは（おきぬというのはぽんたの本名だった）七文半の足袋《たび》をはいていたからたしかにあの人の足ですよ。うちにはお座敷女中が十人もいますがこんなに小さな足はてんでないのよ、くらべてみたんですわ。おかしいわねえ」

「親指がみんな曲っているね。ちゃんとあとがはっきりついてるよ。変だなア」

「おきぬちゃんは子供の時に荷車にひかれて少しびっこでしたものね。足袋をはいてるとわからないけど、当人も妙に気にしてましたの」

「そうかね。ぼくらはちっともしらなかったけど、丸菊さんに聞いてみりゃわかるだろう」

　というので、丸菊をよんできいてみると、彼は真青《まっさお》になって、

「やアこりゃ確かにぽんたの足跡です。いつきたのかなア。別に物音もしませんでしたがねえ。どこから入ったんでしょう」

「いや、あの小蔦に怨《うらみ》をもっているんでなにか因縁があって姿なき姿を現わすんだろう。すごいなア。濡縁《ぬれえん》のところから上ったとみえてこっちへむいてくる足あとがついてるね。そいで座敷へ入っていないんだね。円精さんにそういってもう一度お念仏をあげてもらおう」

　その晩は二時まで起きていて読経をした。それでもなにごともなかった。暁方にぎしぎし、雨戸の鳴る音がしたが、それはすぐやんだ。ぼくは足がすくんでとうとう入

金へ泊ってしまった。

時間の経過

ぽんたの霊をみるようになってから一番ぼくをふかく動かしたのは霊界における時間の経過の問題であった。父の死にあうまで霊界における「時」というものをあまり感じなかった。霊はいつも同じ姿で同じふうに出現してきた。それは別にそう深く考えもしなかった。父はいつもの父であった。それはむしろ観念的な存在といってもさしつかえなかった。ところがぽんたはそうでなかった。現われる時には何らかの因縁的な条件が加わってくるのである。殊《こと》に何らか説明のつくようなものと関連してくる。たとえばおえんさんと一しょにくることがあるようになってきた。おえんさんとはぼくも仲よくしていた。だからおえんさんにきくと、このごろよくぽんたさんの夢をみるという。夢でなくてもふいに思いだしたりすることがひんぴんとしてある。電話をかけてぼくはよく話しあったが、全く符節《ふせつ》をあわしたようなことが度々あった。むろん当時は一種の暗合だと思っていたが、時間までぴったり合ったりすることがしばしばあると、どうも暗合だとはいいきれなくなる。

ある時なぞはしている行為さえぴったりくる。今日は道を歩いていた。又家でものを考えていたとかいうことが一々わかる。その間にはよく考えると何か時間の関係があるように思えた。おえんさんは月に何度か浅草の観音様へおまいりにいったが、ぽんたもやはり何度かお詣りにいった。仲見世で逢ったこともよくあった。話してくるのにもよくぶつかった。梅園で一しょにおしる粉をたべてきたこともあった。お互に生きていた時分と同じ心持ちでいるらしかった。

一番驚いたのは仲せいという天ぷら屋へあがって一しょにご飯をたべてきたことがあった。仲せいのおやじに聞くと、たしかにおえんさんが誰れかお客様と二人づれでいらっしたらしいという。番の女中もたしかにそうだとはっきりいった。たべたものはえびとぎんぼうだった。ぼくもその話をきくとまったく疑えなかった。下足番は二人がはいていた下駄までよくおぼえていた。ひとに話すとだれでも狐にばかされたんじゃないかと笑った。しかしそうではなかった。たしかにぽんたの姿をみたものはいくらもあった。

ぼくはその理由をこまかく説明する力をもっていなかったが、あり得るとは信じていた。ぼくの父の霊にしても現われている現場をいろんな人がみている。人間というものは一々他人の存在を記憶しているものではない。それはおかしいくらいである。

あの人は来ていたがとだけで意外なほどいろんな印象をうけていないものである。父の場合なんかそれが多かった。たしかにいたことはいたが、どんなことをしていたかと聞くとそれはあやふやになってしまう。ぽんたの場合にもそれが多かった。そういうことはやはり人間同志の認識に深い問題があるのだと思う。多くの霊の場合には存外漠然としたものしか感じていなくて、正確ということが全然望めない。感じるだけでしっかり把握していないことが非常に多い。

ぼくはそれでいいのだと思う。幽霊をみた話は詮《せん》じつめると煙のようなものが大部分である。みる人がしっかり把握認識していない証拠である。自分自身の場合を省《かえり》みてもどうも漠然とした感じが多い。だからぽんたの場合でも丸菊自身にしても科学的なみかたで正確に答えうることは容易にのぞめない。霊というものはそういうものなのであろう。

しかしそれでは結論にならない。心理学上の妄想としかいえない。それでは何んにもならない。そこでぼくはある月のこと（死んでから二年ばかりたってからである）ぽんたの横顔をすぐそばでみた。急に年をとって眼尻《めじり》のあたりにやや老いが感じられた。少くともたしかに二三年はふけてみえた。それはたしかそうみえた。丸菊もそういっていた。その時の髷《まげ》の形とか着物やもちものなぞは過去の記憶《きおく》からあみだしてくるのらしい。ぼくは桃割れにゆっていた姿をよくみているので、彼女はいつも大概なばあい、後をむいている顔をみせた。それが老いてみえるのはおかしなものである。だからつい言葉もかけてみたくなるのである。

それから約三年の間、ぽんたはしじゅう出てきた。そうしてふいと出なくなった。ついに写真をみたりすると晩にふいと出てきたがそれも非常に度数が少なくなった。ついに忘れてしまった。京都の春菊なんかにしてもこの頃はもうとんとみない。だから霊の出てくる時間にもある限界があるんじゃないかとおもう。それはたしかに記憶と関連がある。昔は度々よくみた霊もこの頃ではめったに思いだしもしない。父の霊でさえほとんどみない。ぼくが二十六から三十七八のころは霊界の消息が一種のブランク状態になって何もみえなくなった。

もっとも作家生活が忙がしくなってしばらくは勘《かん》が働かなくなったようにおもう。それにはいろんな理由があるのだろうが、要するに世間でいう俗人になってしまったのであろう。又よく霊がみえるようになったのは本編《ほんぺん》の最初にもかいたように放送の仕事をやるようになってからである。やはり放送のメカニズムがぼくに精神的な刺戟をあたえたからであろう。ぼくは放送局の愛宕山《あたご》スタジオでいろいろな経験をした。殊《こと》に霊の出現をしばしばみた。放送と霊の活動に何か関係があることはぼくの絶対の信条になった。殊にこの頃はテレビによって深い暗示を得ている。だんだん詳しくかいていくが、ざっといってても両者の間に何かふかい関係があるとおもう。

放送機から発出されて電波間の現象はよくわけが分らないが無限にある。ぼくが寝食を忘れて放送に熱中したのも全く根拠がないわけではない。その熱はまる三年間もつづいた。ぼくは三年間放送局にいた。じつによく働いた。ラジオ病患者などとわらわれたのはその頃のことである。

ぼくはラジオのプログラムの編成をたんとうしていた。軍艦へものれば、高山地帯も研究して歩いた。一番興味をもったのは遠距離の通信であった。オーストラリアのエローリバーに知己のファンがいて、その人と通信をしていた。無限の虚空から卒然として飛出してくる電波というものの不思議は学的には一応のみ込めても実さいはどうしても腑《ふ》におちない。殊に電離層《でんりそう》の研究がすすむと更に分らなくなった。三万光年もかかる他《ほか》の天体からの音響《おんきよう》にいたっては、全くの謎である。それからマイクロウエーブによって微細な波長でとんでくる諸般の音にいたっては、更に不可解である。それからいろんな空想が先々と生れてくる。欧米はもうレンズの時代から進んで電波の囁きで宇宙の構成をさぐっている。したがって人間世界の霊の活動もそれと関連なしでいる訳がない。

ぼくは夏になって局が暇になると、技術部で特にこさえてもらったポータブルのスーパーへトロダインの機械をしょって、助手と二人で信州各地のさびしい山村を廻ってあるいた。ひとつには取材の目的もあったし、また一方どんな山の中でも聴取者をふやしたいために、感度試験をしておく必要があった。先《ま》ず甲斐駒《かいこま》に登って、それから諏訪《すわ》へおりて、あすこいらの村役場の紹介で方々をみて廻った。そこでぼくは霊的にとても不思議な或る物凄い出来事にでっくわした。

おばさんの霊示

諏訪の町に諏訪神社の禰宜《ねぎ》で山中某という人が住んでいた。その人の妹さんにふさ子さんという人がいた。その山中さんの叔父さんはもとぼくの家でながいことおやじの代理をしていた。その縁故《えんこ》でぼくは山中さんを訪ねた。妹さんはちょっとみたところでは二十七八であったが、もう三十五はとうにすぎた老嬢であった。いろいろ不思議な癖があるのでつい縁遠くなって町の小学校の教師をしていた。人の目につくようなきれいな人で、今でいうインテリー風な、文学好きであった。だからぼくとバカに話があった。二人はよく漁船をかり蜃気楼《しんきろう》なんかみにいった。諏訪湖では蜃気楼がたつのがその時分一つ話になっていた。東京から見物人がよくやってきた。

夕方よくたつので見物にいくのは月が入るときであった。そういう不思議な話からつい霊の話が出る。わたしのおばさんは霊と肉と分離する現象をよくやってみせると自慢そうにいう。一ぺん実験のある夜直接みせてくれるというので、ぼくはふさ子さんに案内されて神社の前の農家へいった。夜の九時頃であったとおもう、おばさんは神がかり状態になっていろんな物品をざぶざぶ引寄せる。マッチや鉛筆はむろんのこと、どこかの神宝らしい曲玉《まがたま》を五つだした。実にきれいな斑《ふ》ののったみごとなものであった。おばさんがいろいろと命ずるまでは、波《なみ》の間のうえでぴかぴか光っている。ぼくも物品招来は二三度みたことがあったが、こんな図ばぬけたのは初めてであった。

それから仮死の状態に入って呼吸をとめてみせる。たしかに不思議な心霊現象のひとつであった。霊界に入る状況をつぶさにかたってくれる。一番愉快だったのはぼくの知人を一人二人出してくれたことである。

そのおばさんがその翌日急にさしこみがきてほんとうに苦しんで死んでしまった。医者は急性肝臓炎だといった。ひどく、胃の下の疝痛《せんつう》がきて何遍かドロドロした液体をはいた。当人も病状をよくしっていて、これはどうしても助からないとがっかりしたようにすすり泣いた。荒尾神社というお宮の秘密《ひみつ》の神宝をぬすんできたその罰だという。つまりあの曲玉のことである。その荒尾神社というのはついに何処のことかわからなかったが、戸隠の一社だという。白髪《しらが》ひげのはえた老神官がきてつまびらかに語ったそうである。

おばさんが亡くなると十日ばかりたってからいろんな怪異が現われた。一番はじめにきたのが甲府にすむ安治という男子の死である。安治は中学へ通っていて汽車にひかれて死んだ。その次がぼくの番で、虎の子のように大事にしていた金をさいふごとそっくりもっていかれたことである。その時分のことであるから五十円という金は大事な旅費であった。ぼくばかりじゃない。助手もいるのだからぼくは大事にしてスーツケースに入れて常にさげて歩いていた。いつも身辺においてなるべく目をはなさないように注意していた。それが或る朝、ふいにみえなくなったのである。スーツケースに鍵をかっておいたのだから、なくなってもケースだけは残っている。ほかのものは何ひとつなくなっていないのに、財布だけがきれいにぬいたように失《な》くなっている。急に湯殿《ゆどの》山の行者というおじいさんにきてもらって、いろいろ占いのようなことをしてもらう。この土地の慣習だからことわるわけにはいかない。そうすると老行者のみるところによると、昨夜、年のほど六十四五の老婦が東の方から忍《しの》んできて、財布ごとぬすんでにげていったという。

実につかぬ話である。そういえばふさ子さんのおばさん以外にがいとう者がない。まさかあの人が金をぬすんだりなんかする理屈がない。理由もない。ところが四五日してお宮前の家へいってみると、もううちじゅうひっくりかえる騒ぎである。どうしたとわけをきくと、おとといから奥座敷の方で変なものおとがさかんにしる。きっと鼠だろうというので畳までめくって家さがしをやった。ところが変なことには仏壇の戸が開けひろげられて、蠟燭が三つも四つもころげだし、おばさんの位牌の下には十円さつが五枚四つに折ったままおいてあった。よくみるとさつの番号は少しもちがわぬ数字で、しかもぼくが折ったとおりの順にかさねてあった。ぼくは旅をする時に何度か金をぬすまれて困ったことがあるので、さつのしまい方には頗《すこぶ》る慎重であった。他人にはまねられない神経質なトリックがかさねてあった。

結局その金はあんな不思議なことをやるおばさんだから、何かの術でおばさんがぬすんだのだろうということになった。しかしその方法などは全然わからない。ひどく困惑したのはふさ子さんであった。身が教職にあるだけにへんな噂《うわさ》でも立てられたら面目がない。前にもものがなくなったり、変なことがたびたびあったので、なおそうである。その翌日からかかって家の隅々《すみずみ》までしらべた。そうすると、おばさんが嫁にきたときから秘密にしていた大きな金から革《かわ》のものいれからいろんな不可解な品物が出てきた。曲玉は都合三十幾つか現われた。それから古い祝詞《のりと》のようなものや、けだものの枯れた骨がたくさん出てきた。中に乾いてコチコチになったペニスのようなものさえあった。むろんけだもののである。皮類もあった。純金とおもわれる環がいくつもでてきた。ぼくはすっかりみせられたが、今だにどうしておばさんがそんなものをあつめて持来《じらい》したのか、全く見当もつかない。金銭はぼくのだけであった。

この頃になってよくわかったが霊媒《れいばい》によると、何処か深海の底から生きている真珠貝さえもってくるのがいる。実に思いもつかない奇怪な行動をやるものである。

ふさ子さんはそれから五六年経って帰幽したが、結婚して子を生んでからまでも、おばさんの霊にはいろんな困った目にあわされたものである。良人《おっと》と北海道へわたってからも彼女は四五度発狂したようになったことがあった。その時にはおばさんの姿を目の前にみた。人にもあらぬ行為をしてみせたそうである。あの人はいつもおばさんの亡霊をしょって歩いていると新聞にまでかかれたことがあるようである。こういう人は世間にいくらでもある。ただ他人が感づかないだけだ。あの顔をぼくはよく思いだす。霊のある女性というものはひと目みてわかる。そうなったのも長年の経験ばかりとはいえない。

湯殿行者

その時に逢った久さんという湯殿《ゆどの》さんの行者もたしかに一種のすばらしい霊能者だったとおもう。もっともらしい○○という名前があったらしいが今は忘れてしまった。

永閑斎《えいかんさい》とかいったらしくおもう。五十八九だった。頭の禿《は》げあがった、少し疳《かん》ばしった声でものをいう落着いた人柄だった。白衣の上からケサみたいなものを着ていた。即座に判断してズバズバものをいう快弁のおじいさんだった。まことに自信ありげでたのもしかった。妖術をつかうというので近辺で尊敬もされていたが、又こわがられてもいた。酒もかなりよくのんだ。「行者さん」といえば誰でも知っていた。「考える人」ともよんでいた。じっさい考える人で何んでも予言めかしいことをやった。「うせもの」「金談」がとくいだった。だから何かわからないことがあると、町の人はみんなでうかがいをたてる。ぼくはふさ子さんと話をして一夕宿へよんで話をきいた。じつに面白かった。自分は十七八の時から予言がえてで人におそれられた。二十一の時に意を決して湯殿山へのぼり、お上人様という人について行《ぎょう》を教えてもらい、四十五六まで水をかぶって一心不乱に勉強した。少し何かが出来るようになったのが五十の年で、いろんな病気もなおした。それからやっと里へ出てきてこの商売をやり出した。当人はそういうことを詳しく話してくれた。やはりお狐さまが陰にいて仕事をたすけてくれるらしいと彼は笑っていた。

久さんはふさ子のことをあの女は変った人だとしきりにほめていた。あの人のお母さんも自分が導きをしたが、却《かえ》ってお母さんの方がどんどん自分で歩いていった。やはり生れつき霊能があったのだろう。一度なぞは身をかくすことを覚えて三日でも四日でも隠れて出て来なかった。けれどもあのお母さんは私とちがって幾分邪霊がのりうつっているから、あとではきっと人のめいわくするようなことをするだろうと思っていたが、果たしてものを引寄せることをわるい方面で利用した。それがどうも残念だとしきりに困っていた。

久さんはものをぬすんだ人は、かたっぱしからすぐにあてた。湯殿山の護符を小さくきざんでのませるとその人はきまって血を吐く。その旅館でも女中たちなんかその方法で白状させられた。その旅館には諏訪《すわ》の機関庫の人たちが合宿していたが、その連中が何か悪いことをすると忽《たちま》ち久さんにみ顕《あら》わされた。不思議な位であった。ある時なぞは岡谷《おかや》の製糸場の女工がかどわかされたのを二日ばかりで発見して連れ戻ってきた。これには警察も感心していた。

久さんはひまがあると湖へ出て釣ばかりしていた。ぼくが放送の仕事をやっているのをとても面白がって、

「あなたに一番よくぴったりしたお仕事だ。一生のうちもうあと何年かこれに打込みなさい。きっとよいことをやるだろう。お金はもうからないがきっと何か大きな運にぶッつかる。これはいい仕事だ。人間の頭のはたらきに活《かつ》をいれてくれる」

そういって久さんはひとりでうなずいていた。

ぼくがもう東京へかえるという前の晩、久さんはぼくをつれてお諏訪さまへおまい

りにいった。もう八時すぎ頃であったろうか。しとしと雨がふっていた。そのなかを歩いて社殿のおくまでいって、そこで久さんは黙禱したあげく、

「ねえ、あなた。今神様がそこへおさがりになっているが、あなたにあのお姿がみえますかな」

とひどくおそれちぢんだ声でいう。

ぼくも敬虔な気持になって、真暗な門陣をみると思いなしか、ぽうっとうすあかりがみえてひとりの老翁が合掌した姿でたっている。着ものはよくみえなかったが、何か白味がかった古代の鎧《よろい》みたようなものが隠見《いんけん》した。

「ここのお諏訪さまは女体のはずだが今夜はどっちともわからないでなあ。お姿をよくおがんでごらんなさい。逞《たく》ましいお百姓さんのようなお顔で白鬚が顎《あご》の下におがめる。お手には獣《けもの》の皮のようなものをさげていらっしゃる。これは荒神様で、毎年生きた猪《いのしし》をそなえないと御機嫌がわるいのですよ」

ぼくには顎の下よりもこめかみのところに、もしゃもしゃはえた白髪が光ってみえた。少しうつむいて、何かおっしゃりそうに横をむいて口をうごかされた。約一分間ぐらいお姿はみえていたがふっと消えた。

「いや、わたしが御祈禱をやめると神様はすぐにお帰りになってしまうのじゃ。もうみえんじゃろ。今夜はもうみえんかもしれん。わたしの根《こん》がつきたからのう。つかれ

たな」

「はア、それが分りますか」

「ええ、自分の霊にうつるお姿がこうして眼にめえるのじゃ。何んでも深く祈ると出るのじゃ」

「そういうことをよく聞きますが、ほんとうに自分の眼でみたのははじめてです。お諏訪さまなんかほんとうにあるんですかねえ」

「そりゃほんとうにいられるのじゃよ。万人の拝む神様はこうして信仰の深い浅いによってどこででも拝めるのだよ。どうせ、むかし一度はこの世に生きていらしった方じゃものなあ。ふつうの人間だって同じことさ。一生懸命に逢いたいと祈ればきっと姿をあらわすものだ。わたしなぞは湯殿山のお上人様にはいつでも逢える。ちょっと待っていなさい」

　といって久さんは東の方をむいてしきりに何か呪文のようなことを口ずさんでいた。と、とたんにどこかで音がして法衣をきた坊さんが現われたかとおもうと、すぐにぱッと消えうせた。まるで閃光のようだった。

「ああいかんなア、これはあんたの祈禱の力がたらん。逢いたいと真から思わんからよう出てみえんのじゃ。だめじゃなア」

　ぼくは狐につままれたようであった。それからふさ子さんのお母さんらしいものが、つづけざまにぱッぱッとみえた。生前のなりである。むろんぼくはその姿を心のなかでふッと思い浮べていた。

旅館へかえってからもいろいろ祈ってやってみたがうまくいかなかった。ふさ子さんがきてくれてもやっぱりだめであった。

それっきり久さんにわかれたが、爾来もう三十年以上になる。一度も出て来てはくれなかった。いくら祈ってもだめであった。

ぼくの経験に徴してもお諏訪様の姿をあんなにはっきりおがんだことはそれ以外にはない。だからルルドで聖母の姿をはっきりみたあの少女なんかほんとうだろうと思う。ぼくはふかく信じている。地蔵様のお姿なんかぼくはしじゅうおがむ。たしかに幻ではない。お指まではっきりみえる。人指し指と小指を印以外にしじゅう折曲げていらっしゃる。どういうわけかしら。

霊媒

浅野和三郎先生の『心霊講座』はぼくに非常な感銘を与えた。ぼくはすっかり感動してしばらくその影響からのがれることが出来なかった。今でもぼくは講座の魅力から遁れられない。

　さいわい下地ができていたから、なおふかく引入れられたのであろう。浅野先生が亀井霊媒をつかって大阪から物品引寄せの現象を実験された時にはぼくもみにいったひとりである。実験は不幸失敗に了《おわ》ったがぼくはあきらめられなかった。それで小田秀人さんにたのんで亀井さんの実験をとうとうぼくの眼でみたわけである。果たして以来すっかりとりこになってしまったぼくである。

『心霊講座』をよんでから心霊の知識が一層ひろくなったから、ぼくはもっと深いところをみようとおもって日夜勉強した。必死だった。

　ぼくは湯殿山の行者の久さんのことが忘れられなくて、その翌々年もまた諏訪へたずねていった。しかし久さんはその年の正月、大和の大峰山へ修行にいくといって出かけていったっきり、ついに逢うことが出来なかった。今でも残念でしようがない。

　ぼくは大正十五年に放送局をやめるとしばらく半年ばかり東京を離れて日光の山中へひきこもった。久さんから聞いた二荒《ふたら》山《さん》の行者のことが忘れられなくて日光町の梅屋敷へおいてもらって度々中禅寺へのぼった。雪中十日もいたことがある。そこで逢ったのが行者の大竹さんである。

　大竹さんについてぼくは四カ月修行した。滝行もやった。そして或る成果をあげた。

しかしまだまだ不十分であった。つづいて京都の伏見稲荷へもいった結果、精神統一が一番重要なことを悟ってそれ以来、それに熱中した。

大竹さんに教わった方法の中で一番役にたったのは数息《すそく》の法である。修験道の数息の法は仏教とちがって自由意志によってやれる。あまり厳格に旧来の法をとかない。自分のやりいいようにデフォルメして在家式にやれる。それが自由でよかった。それからメキメキ効果があがって数息から、更に統一の境地に入れる工夫も出来てきた。それその最中にハガキを細い糸で空中に釣っておくと前後にフラフラ動くようなことも出来るようになってきた。つまりグッと進境をみせてきたわけである。

精神統一が出来るようになると今まで経験してきたことをもっと的確に感ずることをできるようになった。一ばんうれしかったのは霊をじかに感じることがたやすくなったことである。

統一期間に一番的確にみたのは銀座のあるビルの二階でおこった小使の幽霊事件である。その小使は大《だい》ちゃんという愛称でよばれて、みんなにかわいがられていた。年齢は五十四だった。むろん生前にも五六度逢ったことがあって、よく覚えていた。

そこの店は繊維をあつかうテーラーであった。大ちゃんは誠実にかげひなたなしによく働いていた。ところがたった一人娘のえみ子が夏海岸へいって、そのいった先でふいに投身自殺をした。いきなり死体になって現われてきたので、大ちゃんはすっかり逆上してぼくのところへ相談にきた。先生ならきっと霊をよんで入訳《いりわけ》をとっくり聞いていただけるだろうとあてにして或る晩、ぼくの家へやってきたのである。えみ子にもぼくは逢っているのである。むしろおやじよりよけいに逢って話もしているので、ぼくにも自信があった。実験会のあった或る晩、十一時すぎに精神統一をやって招霊をやってみると、えみ子は三分ぐらいで出てきた。非常に快活にわらってなかなか死んだ理由をうちあけない。だんだん聞いていくと彼女はふッと泣き声になって、

「あれは沢田さんと喧嘩してかッとしたから思いきって死んでやったのよ。あとで後悔したけどもうどうしようもないもの」

　という。ビルへおやじをたずねていって、その沢田という男のことをきくと、案外それは男ではなくて朋輩の沢田きく子という女事務員であった。平常はとても仲がいくせに仕事のことであらぬ疑いをかけられて、その前の日から喧嘩をしていたのだという。沢田きく子に聞くとやっぱりその通りであった。はじめはこわがって喧嘩したことをどうしてもいわなかったが、とうとうしまいに白状して、あたしも癪にさわったもんだからつい言葉がすぎてあることないことベラベラしゃべってやったもんだから、えみ子さんは言葉につまってある不正事件を承認して、いいわ、わたし二度ゴマカしたけど責任をとるからって、その翌日海岸へいって岩からとびこんで死んだのだという。それはどうも本当だったらしい。いろいろ調べてみると事実とぴったりあ

っていて、しかも岩からとびこんだ時肩の先に大きなけがをした。死体の検案書にもそうかいてあった。その次に十日ばかりたってから今度は自宅で招霊すると、えみ子はせいせいしたように、

「だけど、あたしまだ心のこりがあるのよ。その時には前の事件だけですんだけど、そのあとで計算ちがいでお金が決算の桁《けた》がちがっていたのよ。稲川さん（重役）だけが感づいているらしいのよ。生きていたらもう一度死ななけりゃならなかったかもしれないわ」

と笑っていた。えみ子はそういうのんきなところのある女性でもあった。

どうかして姿を出現させてやりたいとおもって大ちゃんとおッ母さんの松子をよんでいろいろやってみたが、声がきれぎれに聞えてはきたがとうとう姿は出ては来なかった。しかし三カ月ばかりたった或る晩（それは冬であった）ストーブの前でふっと声が聞えるので、よくみると、えみ子が障子をあけてオーバーをぞんざいにひっかけて大股に歩いていくのがはっきりみえた。オーバーの柄なんかちっともちがっていなかった。大ちゃんにはみえたが却《かえ》って松子にはみえなかったという。やっぱり注意力の集中がたりなかったのではなかろうか。それともぼくの統一が浅かったのかもしれない。

えみ子の事件がおさまると、今度は親友の山川君が突然脳いっ血で死んだ。或る新

聞にもかいたが山川君は相当な酒客であった。たしか七月半ばのことであった。丁度決算のあとでひどく疲れていたらしい。朝十時に家を出て自家用車で会社へ出勤した。ある丸の内の会社なので三階まであがるのに苦労したらしい。少し心臓も弱っていたらしかった。上にあがって女秘書と話している間にぜいぜい浅い息をしていたそうである。

「ほんとにこんな時にはエレベーターがないと、困りますわねえ。お水でももってまいりましょうか」

「いや、一昨日以来一ぺんも酒をのまんから却って力がぬけたのかもしれない。いやだけど今日はあの赤いジュースをもらってきて下さい」

「甘いのめしあがるんですか」

「あ、今日は禁を破って甘くってものむよ」

女秘書はよくないとは思ったが、苺のジュースの甘いのをいつもの大きなコップについで氷を入れてもっていった。山川君は女秘書の手を握って二言三言冗談をいったかと思うとジュースのコップを口へもっていったまま前のめりにソファからずるずる落ちて動かなくなってしまった。会社中が大騒ぎになって早速隣りのビルの診療所の先生にきてもらうと正しく脳いっ血であるという。山川君はそれっきり生きなかった。その晩、下落合の自宅へ連れてかえられて通夜をおこなったが、その晩おそく怪異が起ったのである。ぼくも列席していたからつまびらかにその経過を実見したのである。

階段の中ほどで

死んだ山川君とは中学時代からの親友だった。奥さんのすゑ子さんともぼくは格別に親しかったので、お通夜の晩には詳《くわ》しく心霊研究の理由を話して夜どおし遺体のそばについていて、いろいろ実験のようなことをする許しをうけた。すゑ子さんは自分も死後のことをしりたいというので一も二もなく承知してくれた。ぼくは下落合の邸《やしき》でまずだいいちに死体をつまびらかに観察させてもらった。死体には何ひとつ異状はなかった。ふつうの状態で急に致死したのであるから頸部《けいぶ》の前後に多少のうっ血がみえるだけで皮膚なぞはきれいであった。彼は若い時に道楽をしたので花柳病のこんせきを残してはいたが、たいしたことはなかった。小原医師はそれが発病の遠因になっているかもしれないと主張したが、霊とは別に関係がなかった。死後約十二時間たっているので、硬直らしいものがそろそろ催してきていた。もう右の腕を曲げると少し抵抗があった。唇の色は濃黒になって、鼻の穴や口腔《こうこう》には綿をつめて処置してあったがひどくちくわんしていた。何か変ったことがありはしないかと息をこらして凝視しているのだが何の動きもない。静かなること水のごとくで山川君はしいんとしておし黙っている。却《かえ》ってものすごくてぼくはゾッとした。死がいというものはみればみるほど変なものなのである。生きている間は何か動きがあってたのもしいものであるが、しいんとして動かずにいるのは、親しかったものにはたまらない空白感をおこさせるものだ。殊《こと》に山川君は能弁家で活動家であっただけにじつに寂しかった。すると、もう午前の二時頃になってじっとみていると俄然彼の喉仏《のどぼとけ》がぴくりと動いた。と、一しょに急に笑っているような表情になって頬がぷるぷるけいれんしだした。ぼくはぎょッとした。ニタニタと笑ったように思えたが、たしかに口をあけたのである。よくみると少し口をあけて何か吐きだそうとして頬をまげている。だんだんしらべてみると山川君は平常から上も下も総入歯をしていたらしく、外からみたのでちっとも分らなかったが、それで医者もあわてている最中だったから知らなかったとみえ、別に何の手当てもしていなかった。それがどうしたはずみにか上の入歯がだんだんぬけて落ちてきた。とたんに唇がそっとあいて、丁度噴《ふ》き笑ますような恰好になったのである。奥さんも他《ほか》の通夜客たちもびっくりして座をたちかかった。ふだん非常にかわいがっていた例の女秘書の波川さんなんか、あッといってぶったおれてしまったほどだった。波川さんは死がいが手を動かしたと泣いてひしと握っている。たしかに体温がかよってきたといった。よく世間でも愛人を失なった相手が、死がいをそっと抱寝《だきね》して二日も三日もそのままにしていたというグロテスクな話をつたえるが、あれはそうではないらしい。ほんとうの「玉の緒《お》」がきれるとあとしばらく生きてる間とちがわない状態になるのかもしれない。だからぼくは昔から早く焼いてしまうのはいかんという説である。火葬否定説は決して意味のないことではない。山川君だってたしかに一度は生きかえるような様子をした。仏教でいう「中有《ちゅうう》」の間は、決して火葬してはならんものである。ぼくはその時にもそうおもった。少くとも一週間ぐらいはそのままにしておく必要がある。くさくなったりするものだからすぐに火葬場へ送ってしまってカタヅケてしまう。人間なんて薄情《はくじょう》なものである。死んだ人間にほんとに哀惜の情があったら少しぐらいくさくなってもがまんしているものである。もう二度と形を体《たい》して帰ってくるものではないのだから、心霊がよく焼かれるときの苦痛をのべる。ぼくは野天で死がいを焼くときの様子を三度みたことがあるが、もしできるんならあれだけはやられたくないものである。山川君のときにもぼくにしみじみいいもし、人にも話したことである。

それで東京市内はどうするわけにもいかないからその翌々日、つまり死後四日たってから山川君は火葬場へ送られた。背中にひどい変色がきたので、奥さんまでがみていられないといってとうとう火葬にしてしまった。霊の波川女秘書はそんなわけはないといいはって、たとえ郷里へ連れていっても土葬にすべきだといって、自分は火葬の手続きにはちっとも関与しなかった。ぼくはむろん大いに共鳴した。

「だって先生、社長はあの翌日の暁方《あけがた》、お棺のふたを一度ことりと叩《たた》いた音がしたんですもの。みなさん、そりゃ錯覚だってお笑いになるけど、私はどうしてもそう思えないんですもの。社長はほんとうに死にたくなかったのね。先生はそうお思いになりません？」

ぼくもむろんそう思った。彼は正月の新年会のときにもそういっていた。彼は非常な野心家であのままではたしかに眼をつぶれなかったろう。

葬式がすんで半月ばかりたってから、はじめて、山川君の霊は会社へ姿を現わした。それをみたのは松原という平社員だった。非常に神経質な精神家だったが松原は夕方会社をでかける時に、いつも階段のところで山川がふうふういいながら、うつむいて上ってくる姿を四五度もみた。波川と二人でこっそり話しあっているのをぼくはかげで聞いた。

「ねえ、ゆうべはめずらしくあのセルのコートをきていらっしったよ。洋服店がおんなじだから、私ははっきり縞柄《しまがら》を覚えているんですよ」

「あたしもあのコートはよくおぼえているけど、たしかに紺《こん》の縞がとおった服をきていらっしゃったわね。あれは今年の春おつくりになったのよ」

「そう、そう。ぼくにもつくれって、しょっちゅうおっしゃっていましたよ。よっぽどお好きだったんだね」

ぼくはすてておけないので二人のいるスクリーンのむこうへ顔をだして、

「やあ、あなた方は山川君の霊のことを話しているんじゃないですか。ぼくもこのごろよくみるんだが、一しょにふくぞうのないとこを話しあいましょう。一たい何処で一番よくみるんですか」

もう波川さんは真青《まつさお》になって、

「先生にゃうそがつけないわ。もうほんとうのことをお話ししてしまいましょうよ。あたしも松原さんもきまってそこの階段の半分ほどのとこでみますのよ」

松原もたちあがって、

「ほんとうのことです。会社のひけぎわです。五時半頃ですかな」

「それから小暮さんもみたっていうんですの」

小暮というのは給仕の青年である。

「へえ、そいじゃぼくにもきっとみえるはずだね。ひとつ今日は夕方まで残っていよう」

ぼくはそくざに肚《はら》をきめて山川君の椅子へわざとどかりと坐った。

子の霊のたたり

その日の夕方、丁度五時頃階段のところへいってみた。みんなにいうと、ほかの会社の人にでも聞えるとうるさいからとお互に口をつぐんで、ぼくと松原さんと波川さんとそれから小使の小暮と四人でそろそろおりていった。小使は何も関心がないからかえっていいだろうというので何にもいわずに連れていった。

その日はしとしと降りだして変に陰気な夕方だった。風も少し吹きだしていた。片側が少し暗い階段の中段までくると、いきなり小暮がぼくと波川さんをひきとめて、

「ねえ、こんな日はとても社長がおきらいでしたなあ。社長ぐらいお天気を気になさる方はありませんでしたね、ははは」

「そうね。雨の日には頭が痛いのでよくわかるってらしったわ」

そういいかけて首をうつむくと、小暮はとつぜん、

「あらッ、あそこから上がってらっしゃるのは社長じゃないかしら。どうもよく似てらっしゃいますね」

ぼくはわざと知らばっくれて、

「そんなばかなことはないだろう。日東陶器の専務もそっくりだからね」

そういいかけてぼくも眼をすえてみると、帽子をあみだに被《かぶ》ってゆっくら上がってくるのはどうみても山川君にちがいないのである。

「やッ山川君!」

と思わず声をかけたのはぼくであった。と、山川君はうえを仰いできッとなったが、急ににッと笑って、何にもいわずに、左の手をあげて軽いあいさつを送った。それは彼のくせであった。

「あらッ社長だッ」

と叫んで二三歩段をおりかけたのは小暮であった。かんばしった息のつまりそうな叫声であった。山川君はそれを聞くとふいと姿が小さくなってふっと消えた。まるで望遠レンズを遠くへしぼるような、あっけない感じであった。

「ねえ、松原さん。ありゃたしかに社長のお姿ですね。自分の迷いだと思ってましたが」

とつぶやいて、眼をこすりながら嘆息をついてる。茫《ぼう》とした顔つきだった。

「やあ、いや小使さん、君もみるのかね」

「みるどころじゃありません。昨日も一昨日も同じところでたしかにみたんです」

波川さんはがたがたふるえだして、

「まア、いやだ。こわいわねえ」

ぼくはこんなところでかたまって話していて、もしや人に聞かれるといけないと思ったので、みんなをつれて階下のコーヒー店へいった。幸いおそくてあたりに人がいないので、

「ねえ、小暮さん。幽霊の話はそれくらいにしないと人に聞えると大変だよ。このビルじゅうの評判になるからね。実は波川さんも松原さんもたしかにみるというんで、私も今日は検分《けんぶん》にきたんですよ。たしかに出るね」

「そうでござんしょ。掃除婦《そうじふ》の人にもみた女があるんですよ」

「誰だね」

「おいくって後家さんの、痩せたお嫁さんがいるでしょ。あの人ですよ」

「顔に創《きず》のある人でしょ。まア、やっぱり階段でみるの」

「そうだそうですのよ。先生は気にしていらっしゃるけど、もうビル中の人はうすうす知ってますよ。評判ですの」

「そうかね。じゃ隠しててもムダかね。そうだね。ああはっきり姿を現わすんじゃ、いくら隠しててもいつかはバレるね」

それ以来、もう山川君のことは公然の秘密になってしまった。日刊新聞にも記事に

なって出た。山川夫人もぜひみたいというので毎日のように会社をたずねたが、どうしたわけか、たった二度しかみえなかった。

「波川さんにもあんなにはっきり見えるのに、どうしてあたしにはみえないんでしょ。女房にみえないなんてどうもインチキね」

「インチキでもないでしょう。松原君も波川君も小使も掃除婦もみんなみるのに奥さんにみえないのはどうしたんですかなア。何か条件のわるいことがあるんじゃないでしょうか」

「そうね。あたしたちは世間では誤解されているのね。たいへんに仲のいい夫婦だってそういわれていたけど、ほんとうはいろいろ事情があってね。そうでもないんですよ」

「へえ、それはどういうんですかね。でもそんなわけはないでしょ」

「いいえ、じつはね、ほんとうのことをいうとね。あたしたちの間には御存知のとおり親雄《ちかお》っていう息子がいたんですよ。あれがエキリでとられてからは、どうもすることなすことがいけなくてね。あたしとても心配していたんですよ。今度山川が亡くなったのも親雄の霊がたたりをしたんじゃないでしょうか」

「そ、そんなばかなことがあるでしょうか。そりゃ奥さん、あなたの思いすごしですよ」

「でも、先生。実は去年の冬頃からよく親雄の霊がそれとなく現われてきてね。ひょっとすると何か凶《わる》いことがあるって、予言みたいなことといっていたんですよ。そうしたら果たしてこんなことが起るんですもの。お酒ものまないのに急に脳いっ血になるなんて、変ですね」

「そりゃいいにくいけど、山川君は血管に何か欠点があって、少し高血圧だったんですよ。去年も一度ひっくりかえったことがあったですね」

「そんなばかな、つい十日ばかり前に測った時には、百六十五しかなかったんですもの」

「ただ度数だけでも分りませんよ。決算で疲労が激しかったですからね」

「いいえ、ほんとうのことをいうと、変に焼きもちを焼くようだけど、たくは前の晩におそく家へかえってきましてね。波川と映画をみにいったってそういってましたよ。どんな映画をみたかしれたもんじゃありませんよ。あたしは飲み込んでかくしてましたけど、ほんとうはあの波川と何かわけがあったんじゃないですか」

と、それから急に涙声になった。

ぼくはそれをいい解《と》くだけの好意はなかった。山川君はそういう点では頭から信用できなかった。前にもいろんなスキャンダルのあった男である。女秘書と一しょに箱根あたりへ何しらぬ顔でゴルフをやりにいったりしたことは、しじゅうであった。

そのことがあってから山川君の霊は波川のアパートへもよく出たということである。ぼくは詳細な事情は知らないが、そういうことがある週刊誌にかいてあった。それはどうでもいいとして翌年の命日の四日前に、大竜寺という寺で年回をやったが、その時ぼくの前にも山川君は例の背広姿でひょっこり出てきた。その時には少し顔がやせてやつれていた。波川に聞くとやっぱりこの頃はひどく顔が変ってきたという。それからぼくは秋の晩、山川君の墓所へ度々いった。墓所は染井《そめい》にあった。立派な石造の五輪塔まがいの墓だったが、誰れかいつでもお詣りしているとみえ、花や香はたえなかった。むろんぼくのみるところでは、奥さんがお詣りしているとは信じられなかった。そういう人柄であった。そうすると波川かなとふと思ってそれとなく聞いてみると、彼女はもうその頃では或るセールスマンの男と関係ができて、来年の春は結婚するのだといっていた。もう山川君のことは思いだしもしないらしかった。したがって、霊なぞは彼女のところへ出なくなっていた。

ある春の晩、銀座でふいに松原君にあったが、墓所へお詣りにいくのはやっぱり彼だったのだそうである。ちゃんと家へも仏壇をこさえて毎日朝夕拝んでいるといっていた。彼のところへは山川君は月のうち一度くらい現われていた。彼にきくと彼は笑って、

「やはり社長には誠意をつくしていますからいいことがありますよ。実は私も三月程

前におかげさまで今度の新社長にやっととみとめられまして、部長に昇進しましたよ。ちょっと胸をわるくしましたが、三月ばかりですっかりなおりましてね。毎日会社へ出ていますよ。噂に聞くと山川社長の奥様はこのごろ子宮癌をやられて入院しておられるそうですね。あの山川社長のお姉様も胃癌で亡くなられたそうですよ。社長の霊はお姉様のところへも一二度現われられたそうですよ」

ぼくは立ったままであったので、それ以上には聞けなかった。

再度の宿命

死んだ山川君の細君のすゑ子が子宮癌の診断をうけたのはじっさいのところ彼の死後まる四年たってからである。あんまりしげしげ出血があるというので彼女もひどく心配になって東大病院でみてもらった。そうするとレントゲンで三四度照射されたあとでまったくの癌だという診断がついた。ぼくも気の毒になって何とかなるものならなおしてやりたいと思った。そこで方々さがしたあげくはじめて小南《こなみ》さんにみてもらえとこっそりすすめた。小南さんというのはその時分一寸有名だった霊能者の一人であった。占者《うらない》から出て三年ばかり印度へ留学してきたかわりものであった。彼はその前にも四五人同じ患者をなおしているので評判であった。小南さんはすゑ子をみると膝をうって、

「なあにこの程度の癌なら私でもなおせます」

と太鼓判をおしたので、すゑ子はすっかり信用してしまって、その翌日から手当を加えてもらうことにした。小南さんの療法というのは一にも二にも祈禱類似の行《ぎよう》であった。それは何というやりかたなのかむずかしくてぼくにはちっともわからなかった。小南さんはだんだんみつめていると一種のマホメダンでありヨガの法なのであった。彼はそういう風に説いていた。実際、印度で修行してきたらしく、祈りの文句なんか、たしかに印度古語であった。

小南さんが師事していたのは何処かインドネシヤ附近の人で、何んでも癌をなおしたということである。最初はさかんに出血するが一月もたつととけろりとなおってしまうのだそうである。なおる理由は神秘にしててんでわからない。その人は附近では一種の霊能として万人の崇敬をうけているという。すゑ子は山川君の死後、性格が変にかわって妙な神秘主義者になっていた。むろん小南さんに没頭して少しもうたがわなかった。四日目四日目にきちんきちんと世田ケ谷の彼の家へ通って、祈禱をうけていた。

　ある日、するゑ子はぼくの家へやってきて、
「ねえ先生、この頃は私だまアってますけど、とても小南さんの術がよく利くんです
の。この節では癌のかたまりがもう触診のときにまるっきりふれないんだそうです。
うれしいですわ」
「そりゃ何よりですなア、レントゲンかけてみましたか」
「え、一昨日東大でよくみてもらいましたの。松田博士もすっかりびっくりしちゃっ
て、どうしたわけだかよくわからないって、今でも首をかしげていらっしゃいますの。
どういうんでしょうねえ。でもなおれば何よりですわ」
「そりゃ奇蹟《きせき》ですね。ぼくにもさっぱりわからん」
「小南先生のおっしゃるのには、印度の行者とおんなじ経過をとっているから心配は
いらないって、そうおっしゃってるんですの。ひどく出血してそのままなおってしま
うんですって。変ですね。もっともこの頃ではお祈りがながくなってひと晩じゅう坐
っていらっしゃることがありましたの。昨日もね、死者の復活する行をしてみせよう
とおっしゃって、あの山川の霊や親雄の霊を現わして下さいましたわ」
「どんなことをするんですか」
「何んだかまだはっきりわかんないんですけど、何か薬草か何かをたくらしいんです
の。とてもいい匂いがしてふいに山川が出てきましたの」

「生きていた時分のままの姿をしてましたか」

「え、そりゃもういつもの背広をきてステッキをもってました」

「何んかいいましたか」

「え、しばらくだったなア、お前は知らんだろうが、おれは一週間に二度くらいはお前にあうって笑ってましたわ」

「小南さんのお宅へ来たんですね」

「え、あの縁端の外れのところに段があるでしょう。あそこにながいこと坐ってましたの。煙草を吸いながらね」

――いや、お前はいいお方の手にかかってじつにいいことをした。もう間もなく病気はなおるよ。親雄もそういっていた――

――あら、あなた親雄にもおあいになるんですの――

――そりゃあうとも。こないだは何かして足を怪我していたよ――

「へえ、そんなことまでいうの」

「ですから今度のお前の病気だって一度はきっとよくなる。あとかたもないようになおる。そうにきまっている。しかし四五年うちにまた同じ病気が今度は別のところへ現われる。それが生命《いのち》とりになるね。というんですの」

それっきり山川は二度と現われなかった。親雄は二度も三度も現われた。一度なぞは、七八才くらいの大きさに成人してみえた。彼もお母さんの病気は、きっとなおるといっていたという。少しもうそがなかった。

　すゑ子はその年の秋にはすっかりなおったらしく、ふだんとちっとも変らなくなった。みんな不思議だ不思議だといって小南は学会へもたびたび呼ばれていったりした。しかし厳密な検査の結果もちがわなかった。子宮癌がなおったというひとつの記録になった。

　ある晩、すゑ子は久し振りで波川の夢をみた。彼女が山川と二人で海岸を散歩しているところであった。波川は病人のようにやつれてとぼとぼ歩いていた。山川は波川をいたわるようにしながらふっと消えてしまった。それ以来波川はよく出てきた。人伝てにきくと波川はセールスマンの大沢と一度結婚して一子を生んだが、その子も弱くて二人で一しょに赤痢で死んだということである。むろん波川はもう現世にはいない筈である。すゑ子の方はそれと同時に誰ともしれない男の子をはらんでその翌々年又癌が再発した。変なことに今度は肝臓にできて、その年に生れた子をおいて間もなく死んだ。すゑ子が、誰の子とも知れない女の子を生んでからは、山川はどうしてか親雄をつれないで出るようになった。

女の子をつれて

ぼくはそれから小南と親しくつきあうようになった。度々心霊実験もやってもらった。彼は支那風の「フーチー」がうまいので、ある時やってみると正しく「二女二児同行」という変な句が現われた。ちょうど王朝風のやわらかな文字であった。彼は変にかすれた梵字のような字をかくのにその時は女のようなかなであった。あとで聞くとこの頃はすゑ子の生んだ女の子がそういうやわらかな文字をかかせるのだという。ふつうのハガキの時でもそうであった。

ある時すゑ子の生んだ女の子にも直接に逢った。由美子という名である。今ではすゑ子の妹の組子が引取って養育していた。ひどく貧乏して街で花売りをさせられていた。ところがこれが妙なことに文字がひどくうまくてことにかな文字をとてもうまくかいた。ぼくは組子の家に訪ねていって、そこでみせられてびっくりさせられた。そういえばすゑ子も実はきれいな文字をかいた。やはり筋をひくのだろう。すゑ子の筆蹟がうつったらしかった。

しかし由美子のほんとうの父親は今もってわからない。小南はあるいは知っているかもわからないが、決して口をわらない。山川も知っているらしいが、これも決してあかさない。約五年ほどたって霊能者の原沢がトランスに入った時に山川からそれとなく聞いたといって、水島という名を口でいった。それが果たしてほんとうかどうかぼくにはわからない。由美子が水島という姓を名乗りだしたと聞いて、ぼくは今でも何が何んだかさっぱり分らずにいる。

ぼくはある時ふっと水島という名を小南さんにうちあけて話すと、小南さんはにいッと笑って、

「いや、とうとうわかりましたか」

「水島ってのはすゑ子さんの何にあたる人ですか」

「もういいですね。すゑ子さんはすでになくなっていられるんですから、知れてもかまわんですな。私はずっと以前に招霊をやった時に、誰ともわからん霊から水島という名をささやかれたんです」

「それは誰なんですか。ぼくは全然知らん人ですが」

「そうでしょうとも。たしかすゑ子さんが山川さんと結婚するまえにお互にふかく愛しあっていた画家です。すゑ子さんより三つ若い人だそうです」

「今、生きているんですか」

「それは分らんです。どうも由美子がその姓をつぎたいといいだしたからには、何かたしかな根拠があるんじゃないですか。この頃では水島という名を平気でいっていますな」

それでぼくにもその関係がやっと分りかけてきた。小南さんがつまり二人の愛情を復活させてやったようなものである。そうしたらすゑ子はじきに由美子をはらんだのだという。おかしなものである。そのために一度は癌がなおったようでもある。すゑ子はだから山川には別に好意をもっていたわけではないらしい。

由美子はその後、叔母の組子のもとで貧しいながらだんだん育てられて、とうとう廿《はたち》になった。一時世間でぱッと人気の出た女画家の水島涼月という人があったであろう。その涼月が実はその由美子なのである。もう十五年になるがたしかに今でも大阪の市外で生活しているはずである。どうなったか僕は知らない。お家流みたいなやさしい文字をかく女である。

ぼくは「カルマ」のことをよくいうがこれがカルマのりっぱな例である。すゑ子も姉も書家であった。ぼくは講演などをする時によくカルマを説くが、こんなのはまたとない例である。血筋をひくのとはちがって人格がそっくり移っていくのである。すゑ子のもっているものが隔世的に遺伝していくみたいである。運命も傾向もこんなに変っていくものなのである。業《カルマ》とはいくら反復しても何か深いものが宿っていく。ぼくがもっと早く悟っていたら、もっといい実験が出来たと思う。しかし今からではおそい。カルマを実験しようと思えばたくさん実例を重ねることである。そうすれば今にもっとよくわかる。何にしろ実際の例が千分の三とか五とかいうのだからなかなかつかめない。それはやはり一種の心霊学の重大問題である。

印度の古い霊能者はそれをちゃんとつかんでいるのらしい。小南さんはそれを固く主張する。子宮癌なぞなおすのはやはり理屈ではないらしい。祈りにもいろいろある。そこがコツといえばいえないことはない。とにかく癌がくずれて出血するのだから何にも理屈がないとはいえない。カルマを知ればそこから入っていける道があるだろう。山川君とすゑ子さんの関係だってよく考えればきっと何かある。山川君が死んでから子宮に癌が出来ることは、世間にはいくらも例のあることである。だからその癌が、祈りでなおることもないとはいいきれまい。どうも癌のような生命《いのち》とりの病気は普通の生理学の解説だけでは分らない。何かもっと生命の実質にふれる何かがあるのである。ぼくはすゑ子さんの他にもいくつもそういうなおり方をした人を実地にみているのである。

先年日本にきたフセイン・ローフエというインドネシアの霊能者も話していた。その人の師匠のスブトという先生はやはり子宮癌をよくなおすそうである。なおったあとりっぱに妊娠した例がある。やはり出血するそうである。小南さんと同じである。

おもしろいことだとおもう。ローフエさんにたのんでぼくも或るジャーナリストが胃癌をなおしてもらうのをわきでみたがこれはうまくいかなかった。術は師匠うつしでも精神がまだ心にはいっていないのであろう。しかしあの方式で全然いけないとぼくには思えない。ぼく自身も大いに研究してみたいと思っている。行者の有村さんも胃癌をなおしたことがある。これはたしかである。三人も四人もなおした。現にピンピンしている人もある。或る人は癌でなかったのではないかと疑っているが、それは最新の診断法を信ずるよりほかはない。たしか胃癌だと診断がついた人を、りっぱになおしているのだから、ぼくはそうもあろうかとひどくびっくりしているのである。

ぼくは現にすゑ子さんのなおったのを実見しているので別に疑ってもいない。十人が十人までなおれば申分はないが十人のなかで一人でも二人でもただ祈りでなおればそれでいいではないか。すゑ子さんのときはまったく忘れたようになった。これはたしかである。二度出来たというのが却《かえ》っておもしろい。ぼくの親近者にも子宮癌が四人いる。一人は死んだがあとの三人は十年たってもピンピンしている。現にぼくの家内なんかもそのひとりである。これは出来る原因があったと思う。やはりカルマである。ぼくはしじゅう同じ家に住んでいたのだからずいぶん詳しくみていた。手術の可否はその人の心のもちようである。

ぼくは筈見夫人のなおったのをみた。ごくさいきんの話である。これも漢法の薬をのんで血をおろしてなおった。しかしどうも漢法のくすりがきいたとは思えない。やはり精神療法であったとみていい。筈見さんは医者だからむろん手術をすすめた。しかし一方別に精神統一をやってとうとうなおした。何かがある。しかし一方邪念がおきてなかなかうまくいかなかった。二度程、もうだめだとみはなされた。しかし別に痛みもなくとうとうなおった。ぼくはまだどうも確信をもってなおすとは断言出来ないが、処置のなくなったひとは助けてみたいとおもう。しかしそれにはよくカルマをみきわめる期間がいる。それがあればいくらか楽である。少くとも性格だけでもよくのみこめる。三月ぐらいほしい。その間にぼくはカルマをみぬく。業《ごう》をみぬくことはなまやさしいものではない。しかしやってやれないことはない。といって今、眼の前へ患者をつれてきてやいのやいのといわれてもすぐどうすることも出来ない。よくよく研究し、堪能するまでやらしてもらいたい。ぼくはある信念がある。

カルマということ

仏の説かれた「業《ごう》」の問題にはいろいろな深いアットリビュートがあるから、むずかしくとく人が多いが、現代になると宇宙に相関するいろんな科学的な真実がだいぶ分ってきたから却《かえ》って簡単に説明出来る。だからぼくは人間の宇宙的構造がひとりびとり特殊な条件をもたらすのだとおもう。たとえば生命的に宇宙線のナマの影響をうけるとか、力の関係だとか、それから第三次元的なひずみだとかいうそういうものの条件によって何らかの錯誤がきてそういうものの働いた結果が人間の生態に変化を印するのじゃないかとおもう。それにしても人間というものは一面非常にあっけなくかんたんにぽっくり死んでしまうものである。多くの人はそういう経験をたくさんもっているとおもうが、人間はまったく他愛もなくぽくぽくと死に転帰《てんき》してしまう。一度死んだらもう二度、生を得ることは出来ないというようなこの一大事を存外あきらめよくあっさりあきらめてしまうものである。これは実に不思議だ。

ぼくは昔から死というものを必要以上に重視している一人である。多くの霊は死の瞬間をわりに意識さえしていないもののようである。「あッその瞬間に私は死にました」なんて告白するのはしごく稀である。あの時死にましたなんてはっきりいうのはどうもインチキである。したがって死の瞬間はなかなか当人にもキャッチできないもののらしい。医者が臨終を宣してからその先どうなるものかぼくにはどうも想像が出来ないが、いろいろ生理上の条件があるから生きている間にはよく分らないのかも知れない。われわれ老人はもうじき近いうちにつぶさに経験出来るであろうから、よく意識して記憶しておきたいものだと思っている。もういかんという時になって、親戚故旧が枕元へきていろいろしゃべるのは却って死人にはいい影響をあたえない。もし意識がはっきりしていればそのために思念がみだれてしまう。一生の最後のターミナルだから心静かに推移をみていきたいものである。ぼくはいつもそうした妄想をうかべる。

霊になって現われたとき人はうやむやでよく適確に経過をものがたれるものではない。多くは第三者の空想で捕捉《ほそく》して印象を完成する場合が極めて多い。だから嘘が出てくるのである。ぼくはそれではいけないとおもう。心霊の研究者はなるべく冷静にみていなくてはならない。ちょっと出来にくいことだが、真実を捕捉するためにはどうしても我慢しなくてはならない。悲しくても歯をくいしばって、じっと堪えることだ。

山川君の場合なんかでもぼくは残念でしょうがない。もういけないとなってから人は唯黙《ただだま》ってみているだけで何もできなかった。山川君は多少心霊に興味をもっていたから、何か直感したものをいわせておけばよかったと思う。

ぼくはお通夜の晩に深夜、入歯がはずれたのは当人が自分でやったのではないかと思う。何かいいたくてわざと顎《あご》をうごかしたのではあるまいか。死後の世界の茫漠《ぼうばく》たる静けさの中で彼は何かを感得したのではないか。

カルマのことをくわしく告白するのは、その時ではないかとぼくは想像している。死のやむを得なさをはっきりいってくれるとあとに残ったものはいくらか安心が出来る。

すゑ子さんの場合だってそうである。あの人はきっと山川よりも性的に激しかったのじゃないか。それで子宮へ癌が出来たということもかならずしも否定は出来ない。もう前から何か前徴があったのではないか。痛むとか違和感があるとか、いろいろその現われかたには変化がある。それが感覚を鋭どくしていれば分らないことはない。夫婦間の性愛上の秘事なんていうものは他からは全く分らない。そういうところにほんのかすかながら徴候が現われてくるものである。それを早く感得して生命をそまつにしないように努力する必要がある。山川夫妻が不仲だったのもカルマの現われかたのひとつであったかもしれない。

こういう風にして意識を鋭くしていれば死をさけることも存外困難ではない。霊能者はそれをよく知っていて未然にふせぐことがある。今になって考えると山川君は夫婦とも死ななくてすんだのではないかと思う。いつだったか、四度目の命日にそのことをいったら山川君の霊は不満そうな眼つきをしていた。この頃はもうあんまり古くなりすぎたのでくわしいことはぼくの方が感じなくなっているらしい。

松谷君が死を予感したこと

松谷君はぼくが二十二人目に師事《しじ》した霊能者である。松谷君は浅野（和三郎）先生の教えをうけていた若い霊能者だった。福井県の人で当時三十二だったとおぼえている。これは予言を得意とした人でかずかずの業蹟があった。一ばんおどろいたのは最後になって自分の思いがけない死を半日前に予言していったことである。

もっともその二年前から非常に現象が正確になって、ブリキの箱の中へかくしてある紙片れの文字なんか、百発百中であった。一遍などはうちによくくる占者が「春風人を迷わす」とかいたのをたった一字「迷」をちがえただけであとはみんなあてた。

ことにうまいのは三日も前にこういう人がこういう用件で北方から訪ねてくるなんていうことをぽんぽんあてた。その時分ぼくは占《うらない》にもこっていて北原という年老《と》った梅花占の占者によく家へきてもらっていた。丁度その頃から大東亜戦も末期になっていてしきりに人心が動揺していた。ぼくも参謀本部へよばれて南方へ従軍しろという厳命をうけた。ぼくはもうこの先とても小説なんかかいていては飯をくっていけないとあきらめて、友人の徳川圀《くにゆき》順侯爵にたのんで国学院大学の神道科へ入れてもらった。

ぼくの祖父が九州熊本の菊池神社の創立者の一人だったので、よほどいけなくなったらそこの神官ぐらいにはしてくれるだろうというので一生懸命に勉強していた。それでまず軍人関係の仕事はだいじょうぶだと思っているところへいきなり従軍命令である。そこで早速北原さんに易《えき》をたててみてもらうと、ぼくの話を聞いただけでだめだという。つまり汽船で運ばれて南洋へいく途中で船を沈められてまいってしまうという。ぼくはぞっとしてそのまま体のぐあいがわるいといって軍隊の方をことわってやっとほっとして帰ってくると、今度は松谷君が夜やってきて、ちょっとお耳に入れたいことがあるという。だんだん話をきくと松谷君はいつにない厳粛な顔になって、

「先生はもう命数《めいすう》がつきているんで二三日うちに急死する」

という。ぼくは松谷君のことだからまんざらじょうだんではあるまいと思って顔をじろじろみていた。たしかにそういわれてみるとぼくの眼つきが変である。それにみけんのところに低いくぼみができて、色が青くなってみえる。変な表情だった。

「それでは病気になって死ぬのかね。何かそういった症候でもあるの」

と、ぼくはふるえながら聞いた。

「いや、まあだ何もみえてはいません。少し頭はいたいでしょうが、それとこれとは違うんでしょう」

「いや、それならどうもほんとうのこととは思えないね。何か病気があれば何んだが、

ぼくは平生から健康だものな。頭がいたいだけじゃちょっとけんとうがつかんな」

そういって二人で干魚を焼いて貧しい夕飯をくってかえった。そうするとその翌々日の夕方松谷さんはそかいの荷物をかついで茨城県へ歩いていった。そこには奥さんと子供が先にそかいしていた。そこは漁師の家で海岸から半里ばかりはなれた沼のわきだった。丁度、駅に四五人の客と下車して信号所のとこまでくると、いきなりグラマンが一機とんできたとおもうと急にパンパンと急射撃が起って、その初弾で松谷さんは胸をうたれてあっという隙もなく死んでしまった。約十日ばかりして奥さんからその話を聞いたぼくは、もうすっかりびっくりして口もきけなかった。実はぼくではなくて死の予言は松谷君の方であった。そうして松谷さんはあっけもなく予言のとおり死んでしまったのである。これなんか、何といっていいか普通の人が考えたらカルマもへっちゃくれもないわけである。しかし松谷さんにはそれがどうして分ったのだろう。分っていたら茨城なんかへ行かなければよかったのだ。北原さんはやはり業である、別に因縁はないと笑っていた。見違えたのはおかしい。その北原さんが九日の日にぼくのところへやってきた。その頃のことだから防空頭巾をかぶって汚い背広の古いのを一着におよんで杖を突いていた。どうも顔色が冴えない。口尻がともするとぶるぶるふるえている。ぼくは気になって、

「何かありましたか。顔色がわるいですな。今度はあなたかぼくがやられる番かな」

とぼくがいうと、北原さんは口をかたくつぼめて、

「いや、冗談じゃない。そのとおり、八月九日は何にもいわずに一日防空濠へかくれていなさい。一歩も外へ出ちゃいけないよ」

「じゃ空襲ですか。穴に入っていりゃ、ぶじというわけですか」

その日が長崎の大空襲の日であった。その日敵機は東京へくるはずだったが長崎へまわったのだそうである。しかも近辺の某大臣の邸前に風呂桶のようなばくだんが落ちてぼくの家もひっくりかえる騒ぎ、現場から二百メートルくらいしか離れていないが幸いぶじだった。

北原さんはその日の午後やってきて占いの道具を庭へならべながら、

「いいあんばいでした。たしかに北へ廻ったはずだったが、どうして来なかったのかな。I大臣の邸《やしき》にはさわりはなかったのですか」

「幸い邸の門前でしたからどうもありませんでした」

「そりゃ何よりだった。あなたが台湾の方へやられるはずだったのが、今度ものがれましたね。よくよく運がいいんじゃな」

そんなことでぼくには何もなかったが、あとになってみて思うと、ぼくはもっと業があったのだった。ぼくは町で選ばれて防空群長を仰せつかっていた。深夜、町を巡視していると眼の前へピュッといって何かおちた。飛行機の影も形もみえない。翌日

拾ってみると爆弾の発火ケースが落ちていた。長さ二尺くらいのものだったがあれがまともにくればむろん生命はなかった。どうもよく分らない。

北原さんは戦争がすむと国へかえっていった。その時にも彼は松谷さんのように死期をいいあてた。もっとも二十日ばかり間違ったがその前日に高いところから呼ぶ声が聞えるからもういく。鳥がもう二声呼んだらすぐ出立する、と呟《つぶや》きながらいっていたそうである。死因はぜんそくであった。

霊能者にはそういうことが度々あった。やはり死をおろそかに考えないからであろう。北原さんも松谷さんも何べんも招霊するが一度も出てきたことがない。多分安定してしまうのだろう。

イギリスの心霊学者コナンドイルは招霊されると一日ちがいで出てきて、アジュアの世界にいるといったそうだが、北原さんはぼくの夢に出て、

「何の鳥か知らんが、鶴みたいな大きな鳥が上へのぼれというからのぼっていった」

といった。鳥というのはちょっと感じがある。鶴といったのはぼくの先入観らしい。松谷さんはちっとも出てこない。

ある婦人の教祖が死んだ時には、やはり癌であったが、いったことが、いたい、いたいとはっきりいった。臨終《りんじゅう》の時にはしずかで、何もいわなかったという記録が残っているがどういうのだろう。この人はどうもずいぶん邪念のつよい人らしかったが、

死ぬ少し前にぼくは山の中の池の底へ入っていく場面をみた。白砂を一ぱいにしきつめた池の中である。その話をすると信者たちはよろこんでそりゃ浄霊がすんだといって、礼拝《らいはい》をしていた。が、ぼくにはそうは思えない。わざわざ白砂の池へ入ってみそぎをしたのではなくて、ぼくがもっていた或る観念を霊になってから浄めようとしたことは事実であろう。やはりその教祖は死んでからも莫大な借金でこまっていた。やはり教祖でもそのことが気になったのではなかろうか。

とにかく死を予知することは「カルマ」と何か関係がある。おもしろいことだと思う。生理学上の問題としてもおもしろい。松谷君のごときは、死後五年たったらきっとでてくると確言していたがどういうのだろう。そういうことは多くの霊能者がよくいう。五年たっても今だに一度も出てこない。ここらに深い秘密があるのじゃなかろうか。

とにかく死ということは不思議ではあるが、もっともっとあきらめなくてはならない。きっと生きていることと何か深い関連がある。ぼくだけがそう思うのなら独断ともいえるが多くの霊能者もそうだからたしかに何かがあるのであろう。北原さんも死んだときにはしばらく息もしずに両手を合わせて拝んでいたそうである。もう死ぬ間際に息をしないなんていうことが出来るだろうか。ぜんぜんそくだから絶息したのかも知れないがそれでいて一時間ぐらい拝んでいられるかしら。何といっても北原さんの行動は実際変であった。死の宣言をしてから二十日ばかり長く生きていた。しかしその間、一日にカユを一二杯すすったきりだった。何もくわなかったともいえる。北原さんはあなたが招霊すればかならず出てきますとはっきり何度も約束していったが、今だに声もきこえない。ぼくは大いに期待しているのである。何かぼくのことをいってくれそうな人だから、ぼくは夢にまでみる。北原さんは死ぬ前の年空襲で死んだ霊の言葉をひとりごとのようにしじゅういっていた。或る婦人のことなんか全くドラマチカルであった。北原さんはぼくが今だに忘れられない霊能者である。あの人はまったく有能な人であった。死んでも生きているとぼくは、かたく信じている。

体温のある霊

もう、戦後十数年もたっているのだからしゃべってもいいとおもうが、ある顕官《けんかん》が重大なポストでいながら空襲をうけて、そのまま絶息してしまった人がある。むろん政治家であったが、軍部がとてもきらいでいつも損なところへばかりまわされて一向いい仕事が出来ない。それでショックでだしぬけに倒れて死んだのだから気の毒なくらい死に栄《ばえ》がしなかった。死後三日間たってはじめて埋葬された。ぼくは埋葬にたちあったがとても変なことがあった。立合人もなくとてもさびしかった。夜の九時頃、同僚四五人に守られて染井《そめい》の墓地へ運ばれた。真暗《まつくら》な晩だった。空襲の余燼《よじん》で空は赤黒くそまっていた。どうも棺《かん》のなかで妙な音がするのでぼくはみんなに断わって釘《くぎ》をぬいてふたをあけてみた。そっと手を入れてみると経かたびらの間から青白い手がにゅっと出ている。入棺した時といくらか様子がちがっている。どうも担《かつ》がれてくる間に少し動いたらしい。そこでみんなに断わって、ぼくがこわがらないからというので手をつっこんで死体をそっとさぐってみた。おどろいたことにはどうしたことだろう。死体にはあの変な冷たさがなくて、腕のところはぽうっと温かい。実に変な気持である。そこで医者の小川さんにたしかめてもらうと、

「どうも少し温《あ》ったかみがまだ残っているようですね」

とたしかに認めてくれた。ぼくは、

「こういうこともあるものでしょうか」

というと、小川さんは首をかしげて、

「人間は死に転帰《てんき》したら冷たくなるのが定則です」

と答えて、ポケットから聴診器をだしてしばらくよく聴診していた。胸をはたげてみると心音もなにも打ってはいない。しいんとしている。それでいて体は温かい。二

三人の友人もマッチをすって死体を眺めながら不審がっていた。小川さんはあきらめられなくて、

「とにかくこのままそっとわたしの病院へかついでいってくわしく検査しましょう」

自動車も何もない時分だから荷車へのせてこっそり西片町の病院へつれていった。診察台のうえへのせてあかるいランプの下で助手をつかって巨細《こさい》にしらべてみた。耳の下から血もとってみた。もう凝固《ぎょうこ》しているらしくてほんの二てきくらいしか採血できなかった。その血液も不思議なことに多少体温が残ってるらしく、まだ赤血球は動いていたというのである。若い助手たちも不思議がってあらそって顕微鏡《けんびきょう》の前へ立った。

「この死体ははたして生きているだろうか」

と小川さんも真青《まつさお》になってぼくらの方をかえりみた。

実際ぼくは医者の定義を疑いたくなった。体温計をあてがうと何の反応もなかった。実際ふしぎであった。何の関係もない六人の助手のうち二人まではたしか温みがあると確言した。ぼくは今でもあの時の記憶を忘れない。たしかにそういえば硬直すらもきていなかった。腕なんかプワプワと柔かった。その日の午前中に小川さんが立合のうえで埋葬をおわったが、小川さんはあくまで首をたれて、

「どうも医者までがこんなに懐疑的になってははずかしいがどうもわからんですなア。

あれはたしかに生きているともいえますなア。あれはたしかに自分の意志では動きもしないが何か別の存在ですな。ああいうのが『中有《ちゅうう》』に生きている人じゃないですか」

とまだあきらめなかった。

墓地を掘ってみたら何か残っているのじゃないかとぼくは今でもそう思っている。あの時分はちつじょがととのっていなくて東京でも土葬をした。

そんな例は外にもある。ある花柳地で客と心中《しんじゅう》した妓《こ》をみたことがある。二人はしッかと抱合《だきあ》って青酸《せいさん》カリで死んでいたが、女の方は足のあたりに体温が残っていた。有名な医学者は火葬を拒否する例としてあげているが、これは重大問題だから医師法なんかでも文句をかえる必要があろう。つまり霊界に入る時間的な段階として考えなくてはなるまい。ぼくはなんといおうとも霊界をみとめる以上は、世の中の法律なんかもっとくわしく改正する必要があると思う。

こないだ東京大学の水上博士と話したことだが、たしかに何か残るのだからそれをむげに否定してしまうのはよくない。「素粒子」でさえ生れてくる今の科学である。霊にだって立派な存在の理論は成りたつわけである。不可視なものが可視になるのが文化の進歩である。決して荒唐《こうとう》むけいな妄想ではない。

錯覚と本態との間

最近一番感心したのは謡曲《ようきょく》の幽霊の記述である。たしかにあれには科学的な根拠がある。歴史的な本態を幽霊にものがたらせる技術はたいしたものである。殊に『うとう』や『葵の上《あおいのうえ》』なんかたしかに世界的な傑作である。ただ単に日本的な仏教流というのではなくてシェークスピアの幽霊なんか甘いものである。あのシェークスピアの幽霊の哲学をよんだことがあるが、若い時分だから一途《いちず》にのぼせあがってしまったが、じつに甘いものである。むべなるかな「能」がだんだん世界的になっていく。

第一本態《ほんたい》の問題が日本ではすぐに変に科学的でないだけに鈴木大拙先生のおっしゃる説じゃないが、幽玄である。それが物体の構造と一しょに現化したり、幽化したりしていくのであるから深さがちがう。実にすごいくらいなものである。

能の幽霊は非常に進歩したもので色彩の感覚なんか純粋なものである。音もやはりそうである。だから今の日本人にはよく味読できないのである。『源氏物語』ものはみな優秀である。単に幽霊記としてもすぐれたものである。しかも現代的で、科学的である。それがだんだん世界の人にも分ってくるのである。ばかばかしいとおもって風俗だけしか研究しなかったのは千慮の一失である。もっともっと深いものがたしかに隠されている。

仮態《けたい》だとみていたのが或る場面では本態であったのである。これは年寄りの夜迷語でも自己とうすいでもない。研究の実績である。

最近ひんぴんとしてみる亡霊は実は生きている人である。その証拠には口をきいたり姿をはっきりみせたりする。やはり足利時代や平安時代の人間がそうだったのである。ただ今風の科学でいう次元が違うだけである。それははっきりいえることである。みんなはぼくの「霊」の話をばかにして聞いているが今に分る。今にほんとうの第三次元の「肉体のない人間」が闊歩して歩くようになれば思いしる時がくる。ただし、あとに書く精神病者の妄想はまじめになって相手になっていられない。

ぼくはこの頃現在ある病者によく逢う。よくみて歩く。ずいぶん発狂とまぎらわしいものもある。次に例を少しかいてみよう。それには興味ふかいのもある。

こないだ診《み》にいった患者などは祖先の霊が仇《あだ》をして困るといって、狂ってあるく。もう四十五の男性だが、よその霊媒《れいばい》にみてもらったら、狸《たぬき》がついているといったそうである。今どき狸だの天狗《てんぐ》だのがついているのは変なものである。人間のような優秀な存在が狸にばかされて仇《あだ》をされるなんてことが今あってたまるもんか。ただし天狗は昔の山岳宗教の名残だからむげに笑いもできないが、一体霊というものは合理的に浄化されているものだから生きている人間に災害を加えるなんて「エネルギー」はもっているわけがない。それは錯覚である。そうおもえばそうなるのは精神病理学の第一ページにかいてある。

あの人なんか背中がかゆくてしようがなくなるという。みるとひどく変質していて立派な「皮膚病」であった。大笑いをしたがこれはたしかだといって頭内をけいれんが走る。それは一種の「ノイローゼ」であった。それからそう思えば自然にけいれんなぞはいくらでも出てくる。ぼくなぞも書けいで三年も動けなかった。それもノイローゼであった。昔の話にある前世の「業《ごう》」がむくうなんていうことはみんな一種のノイローゼである。「業」はもっと科学的な説明を要する。どうも文章ではっきりかけないからやめるが、いわゆる「前世の業」なぞといって精神病理学の材料にされる。そんなものではない。たしかに病気はなやみの原因になるほどエネルギーのつよいものではない。第一、次元が違う。業が何代も何百年もつづくものとは思えない。

しかしそういう錯覚にとらわれている人は非常に多い。こわいことである。癌の原因にしても「業」の次元が違うのである。ちかごろの社会状勢の変化によって刺激が多すぎるから、それで病変がおこるのだ。それと各製薬業者のPRが多すぎる。それを信ずるのは教養の問題である。

いろんな例をのべるが、ひどいのになると子供でもいえないようなばかげたことを平気でいう。十日ばかり前に訪ねて来た婦人などは立派な家庭の人らしかったが、どうしても祖母のおばあちゃまがわたしを憎んでいていろんなことをして困る。第一自分に失策をさせようとしていろんな悪いことを仕向ける。昨日も二階から足を滑らすように仕掛けをしておいたといって、右の足首を怪我をしていた。ぼくは病状をくわしく聞いてあげて催眠薬をすすめた。三日ばかりぐっすり眠ってごらんなさいといってすすめた。と今度は吐き気がして困るといってぼくの眼の前でゲコゲコやりだした。脈をみると百二十もうっている。すぐ精神病科へ入院をすすめた。一週間ばかりでやっとなおって帰ってきた。ところが死んだお祖母ちゃんの霊がみえたといって狂うのである。たしかに多少演技がまじっている。それを説き伏せるのにぼくは往生している。やはり五十年代のノイローゼである。死んだ娘さんの霊も現われるようになった。霊はいつも血を漏《も》らしてかえるという。どうも分らない。はじめはぼた血がたれていた。鼻血らしかった。ところがだんだん演技になってきた。こういう人はほんとの幽霊をみたといいだすにきまっている。一度は主人にもきてもらって対決をした。どうもいうことが合わない。それで理づめでやっとおそれ入らせたことがある。旦那様が家をあけて妾の家へ泊ったりすると、きまって翌日は霊を出す。立派な誇大妄想である。ひどいのになると口がきけなくなったり、自然にどもったりするようになる。ほんものなら前後の現象でよくわかる。やはり気狂いである。ぼくなぞは一月に何人もみているからもう大分ごまかされなくなってきた。

一番こまるのは占《うらない》で方角をみてもらって、出るぎゃくの霊現象をおこす人がある。そういう人は我《が》がつよくてなかなかいうことを聞かない。今来ている人なんか家人をみんなヒステリーをおこしておいだしてしまう。ひどいのになると二人で泣いたり笑ったりしている。晩の一時頃に急にお腹が痛みだしたからといって狂いだしてくる。お婆さんだからいいが若い人だったらぼくの方が介抱するのに困る。家へ報《しら》せて家人にきてもらってやっと連れ返らせる。横浜の人でそのまま入院させてしまったのもある。やはり更年期のノイローゼ的症状である。

ほんとうの霊は出るべくして、いろいろな現象が重なってほんとうの霊が出てくる。いろんなものが聞えたり、光がみえたりしてからでなければ突然出てくることは稀である。大がいインチキなのが多い。こないだみえたお爺さんなどは息子の病気のまねをじつにうまくやる。そのために歯までぬけてしまった。こんなのは立派な気狂いである。玄関でぽんぽんどなられるのには閉口した。眼がすわって口から泡をふく。二時間くらいいて、ある新興宗教の教祖の家へいった。その自動車代まで立換えなければならないのは困る。警察の手をかりるわけにはいかないし、泣寝入りするしかない。

盲目のお母さんをもっている十七才の少女が来る。ちょっとりこうそうな娘だったが、体からたらたら臭《くさ》い水が流れるといってぼくを長いこと悩ました。水がとまると今度はものが何んでもはすっかいにみえるといって三日ばかりねばった。どうも思春期の錯覚らしいが医者を紹介して電撃療法をやってもらった。もうなおったかしら。

ぼくは商売にしているわけじゃないから、眼の色をみて断わる場合もある。すると速達や電話でじゃんじゃんやられるのは、まったくよわる。そういう人に限ってせっかちだから、用のある客が来ていても平気である。霊の話はつい長くなるので夜になることが多い。わたしのみている前で霊を出してみせてくれといわれるのには毎々ながらよわる。かりに出してみせたって皆がみんなみえるものではない。インチキだ、と怒ってかえる人もある。ちゃんと修行をして、立派に人格のある人なら次第によってはみせてあげられる。いつでも都合のいいときに実験会をやってあげる。ただ非常に忙がしいのであんまり重体の御病人は困る。或る程度なら、都合しておめにかかる。しかしすぐ倦《あ》きてしまう人はぼくの方が勝手だがお断わりする。せっかちの人はだめである。写真をもってきて、どうかこの霊を出してくれなんていわれるのはどうも困る。ゆっくりその人のカルマを実測して、うんと納得が出来ればみてあげられる自信がある。

こないだもアメリカの雑誌記者が、この場で霊をみせてくれといわれたのにはおどろいた。日本のスピリッチュアリズムとかかれたのにはぼくの方がびっくりした。さすがライン博士やディクソンのいる国だとおもった。チェスターフィールドじゃあるまいし、そう実験室なんか完全なものではないからみえる方にもお気の毒でしょうがない。ぼくは貧乏人だからアメリカ人はにが手である。どうも粗茶ではあいさつも出来ないし、この頃は英語もよくしゃべれないからだ。年はとりたくないものである。

霊界夜話

死姦

由喜子がばかに好きになりだしたのは彼女が丁度二十一の春であった。ぼくは早速たったひとりの母親に相談してとにかく形ばかりの婚約をむすんだ。正直にいうとぼくと由喜子はいとこ同志の仲で婚約についてはいろいろ親戚の反対もあった。しかしそんなものは押しのけていくだけの情熱が二人の間にもえていた。ところが生憎《あいにく》なことには、由喜子が東京の専門学校へ入学して転校する前の晩、停車場の前の広場で突然後からスクーターに追突されて、そのショックで、急死してしまった。あんまり意外のことだったのでぼくはもうすっかり茫然《ぼうぜん》自失してしまって自分では何も意識しなかった。その晩母親が親戚へあとの始末を相談にいくというのでぼくが由喜子の家へ留守番にいってやることになった。

　ずいぶん気味がわるかった。彼女の体はそのままま床の間の前へねせてあった。膝小僧をちょっとすりむいたくらいで何も怪我らしいものはしていなかった。医者の話によるとウッカリ立っている後から急激に衝突したので、帯の下を突きあげてそのまま横向きに倒れて失神してしまったのであった。内部的にみると、どうも肝臓が破裂してしまったらしいという。その証拠には少し内出血はあったが傷らしいものはなかった。だから実にきれいな顔をして死んでいた。パウダーもほんのり残っていた。ぼくは蛍光燈の光でじッとみているとどうしたって由喜子が死んでいるとは思えなかった。眠っているとしかみえない。むろん呼吸もしないし、脈膊《みゃくはく》も停止している。ぼくは脈に触れてみた。ぷわぷわした手首の触感がたまらない魅力だった。恐しいなぞとは少しも感じなかった。変な衝動にかきたてるばかりでうっとりして彼女の乳房にさわってみた。それから先は何も覚えていない。彼女の柔かな肉体へ体をちかづけて思うさまもてあそんだ。してはならないと十分自覚していながらとうとう耐えられなくなってライヒエンシェシドングを行ってしまった。その快美な感じはとても口ではいえない。由喜子は立派な処女だった。かたく眼をつぶって口もきかない。少しこわばった冷たい唇の感じがどうしても忘れられない。舌を挿入してしばらく感触を追っていると、急に口の中がけいれんしてぼくの舌を歯でそっとかんだ。ぼくはどうしても由喜子が死んでいるものとは思えなかった。一時間も二時間もぼくは死体をもてあそんでいた。母親が外から帰って雨戸を閉める音でやっと夢から覚めた。

それからぼくは家へ帰っていったがどうしてもひとりでは眠れない。その翌日もそうであった。由喜子の乳房の感じが手先に残っていてますます情熱をあおられる。その翌日の午前中にその町の火葬場へ送られて火葬されることになっていた。ぼくは入棺の時にもう一度遺体をみせてもらったが、その眼にはチアノーゼがでて顔の片面が赤黒く変色していた。硬直もぐッとひどくなって腕などボキボキしていた。もうこれではどうにもならないと思ってぼくは悲しくて涙も出なかった。まさか親のみている前で乳をさぐったり、下腹部へ手をふれたりするわけにもいかないのでぼくは涙をのんであきらめてしまった。遺体は棺におさめられたまま旦那寺へあずけてしまった。ぼくはまるで死んだようであった。

それから十日ばかりたってからぼくは深夜になると変な唸《う》めくような叫び声になやまされた。眠れないので毎晩眼をさましてじっとしていた。あたりがしーんとしてくると何処からともなくアアッというような泣き声が壁や天井をつたって聞えてくる。妙なことにはその声が聞えてくるとぼくの舌にはあの感が伝わってくる。つまり一言にしていうならばあの冷たい口中に残った滑らかな舌の感じである。閉ざされた口をムリに押し開く感じである。声が聞えてくる。由喜子が常にやったあの媚態《びたい》で唸き声は二三分間つづいていた。ぼくは一種の反射作用だとおもって、その翌朝友部精神病院へ診察をうけにいってみた。まさかライヒエンシェシドングのことなど話せないとわざとかくしておいた。ところが友部博士はにこにこと微笑しながら、

「あなた、失礼ですがその好きな御婦人の肉体に接触しませんでしたか。むろん名残りを惜しむというような意味で」

「え、やりました。お恥かしいですがチイクをやりました。生前よく一しょにダンスをやりましたので」

ぼくは弁解がましくいった。

「もっと立入ったことはやりませんでしたか」

「いや、それ以上のことはやりませんでした」

ぼくはウソをついた。

「いやそれならいいですが、ドイツの書物なぞをよむと、もっとはげしい精神的な打撃をうけることがあるといっていますね」

ぼくは事実、オナニーをやることも繰返した。博士はぼくの告白をきくまでもなく、

「いやドイツでは死体に密接したためにその部分だけカイヨウを起した例もあるのです。当人は死毒のせいだと思っていますが、そんなバカなことはないのです。一種のノイローゼですよ」

果たしてぼくは毎晩、生きているままの由喜子を抱擁《ほうよう》する夢をみるので、とうとう下腹部へ黒褐色《こつかつ》の壊疽《えそ》さえ生じた。恥ずかしいがもう五六年になるがいまだになおらない。しかも瘢痕《はんこん》がだんだん由喜子の顔の輪郭に似てくるような気がする。口もきく。

「あなた感じある？」

という。あの時の気持がよみがえってくる。ちょっともの凄い媚態をもった甘さである。その声が消えると一層両手に力をこめて抱きつく。息のつまる思いである。或る晩ふっと眼をすえてよくみると何かがぴったり唇のところにくっついている。青い火焔《ほのお》のようでもある。甘い動く光の環のようでもある。うすく尾をひいて天井からぶらさがっているようでもある。たしかに重さが感じられる。鼻のすぐわきへ変な力でしっかりと密着してふるえている。その快美な感じといったらない。ぼくは感覚にそそられて何度も抱擁をつづけた。しまいには眼がしらんできた。そのヒモの末に由喜子の顔がぼんやりちらついている。ぼくはうっかり、

「由喜子さん！」

と呼んでみた。するとその声に答えるようにすすり泣きが聞える。たしかに聞えた。

「もうあたしたちは生きている世界がちがっているんです。もう逢えない」

といって、しくりしくりしゃくりあげてひた泣きに泣く。ぼくは由喜子の霊がいっているのだと確信した。

ぼくはその後ずっと生理的には、まったくのインポテンツになってしまった。ある人と夫婦関係をむすんだがどうもうまくいかない。どうも欲望がおこらないのである。あやまってその女とキッスしようとしたりすると分秒をおかず由喜子が現われる。一番こわいのはぐわんと後頭部をなぐられることである。由喜子自身の拳固《げんこ》でなぐるのである。内出血することもある。今では妙に焦躁な気持で追っかけられるようにその日その日を送っている。由喜子はガイコツになってだきついてくることもある。骨と骨がふれる音が体の底の方でいつもきしんでいる。それが度々だからやりきれない。こらえようとして歯をくいしばって舌をかむことがある。気が狂いそうでとてもやりきれない。何とか出来ないものか。

幽霊のキスマーク

小野博士が買いたてのホヤホヤのクラウンをドライブしてぼくのうちへやってきた。例の患者が毎日発作をおこして気の毒で手がつけられないからぜひきて診《み》てやってどうか何とかしてやってくれまいかという。じつはこの二十日ばかり前から博士の預っている川崎という患者がノイローゼ気味でだんだんひどくなっていく。どうも普通の病状ではなく、きみの研究している心霊の分野だと思うから何とか治癒の方法を考えてくれとほとほと困りきったような顔をしてみせる。早速博士の車に同乗して病院へいってみる。博士は千葉の先の海沿いの部落にこぢんまりした病院を経営していておもに結核のアフターケヤーを専門にしていた。サンルームのついた病室が松林のなかにみえがくれに点在している。一番奥の十畳ばかりの一室へ川崎というその患者は寝ていた。付添いの六十がらみのお婆さんがわきでしょんぼり針仕事をしていた。

川崎君は何か無線の仕事でもするとみえ病床の後には大きなセットやコイルやアンプリファイヤーか何かの表みたいなものが一ぱい張ってあった。庭先にはアンテナの高いのが三本も張ってあった。そういえば川崎さんは私立大学の電波学の助教授をしているとか小野博士がいっていた。いわゆるフェン仲間なんだなとやっと僕は合点がいった。川崎さんはニコニコ笑っていてとても気がよさそうな人柄であった。僕はどういう方法でテストをしようかとおもった。科学者だけに変なことをいってツムジでも曲げられるといけないと思って、きわめて慎重にまず世間話からやりはじめた。病気のことは一切いわずにさあらぬ顔で天気のことからいいだした。

「どうもこう不順ではお仕事にもさしつかえるでしょう。この頃はデリンジャーがひどいようですな。四五日前にも黒点がひどかったですな」

からはじめて、たくみに誘導尋問へもっていった。ところがあべこべに言語もじつに明せきで少しもよどみがない。変ったところといえば記憶に少し明暗があるくらいなものであった。晩になると死んだ細君の顔がみえてどうにもしようがないと眉をしかめて訴える。

「失礼ですが奥さんはいつ頃他界なさったのですか」

と聞くと、川崎さんは相変らずにこにこしながら、

「去年の春でした。四月でしたか、雪のふる晩にいなくなったんです。ふっとみえなくなりましたな」

「やはりこの病院に入っていらしたんでしょう。小野博士がそういってました」

「そうです。家内は私より早く入院してましたからね。右の方の肺をやられてましたからね。小野先生が熱心にやってくだすったんでもうなおっていたはずなんです。しかし友だちが逢ったといっていましたから、ああまだ生きているはずです。ああやって毎晩出てくるところをみるとたしかに生きてますね。何処かにいますよ」

「どういう風にして現われるんですか。話をなさいますか」

「ええ。話すどころじゃありません。一しょにここへ入って寝ます」

「たとえばどういうことを話しますか。過去のことですか。それとも現在のことですか」

「明日は誰それが訪ねてくるなんてちゃんと当てますよ。それから熱の度数のことなんかもね。そりゃたしかです。はははは」

川崎さんはケロリとしている。小野博士はわきから、

「そういうときには、実際、他でみていられないほど興奮していちゃつくらしいですね。大きな声ではいえないけど、ゲシュレヒト・レーベンをやるらしいですよ。婆やがいても平気らしいですネ。顔まけするんで若い付添いはいたたまれないんです」

「じゃ夫婦仲は濃厚だったんでしょうな。お互に愛しあっていたんでしょう」

川崎さんはきょとりとして、

「へへへへへ。いうまでもありませんよ。皆が私のことをかげで笑うけど私はテンデ問題にしていません。あたりまえのことですもの。私は超短波でアメリカの連中と直接に話しますが、ある未亡人も毎晩死んだ良人《おっと》と同きんするそうです。息の匂いがよく分るといってました。家内もふかくそれを信じていました。ですから床へ入ってくるといきなり私に抱きついてキスを要求します。ずッと抱擁《ほうよう》をしたままでいることもあります」

「ひと晩中いますか」

「翌朝までいることもよくあります」

川崎さんは顔をヒン曲げてうなずく。そういわれてよくみると、シャツの胸のあた

りにたしかに誰かが唇で吸ったらしい痕跡《こんせき》がいくつも残っている。唇のキレツが唾液でぬれちぢんだあとがみえる。

「いや、ぼくも戦争の最中にそういう事実をみたことがあります。浅草の有名な質屋の若旦那で芸者をイロにしていたのがあって、その女が死んでからあと、毎日すずしの蚊帳《かや》をつってその中でたわむれていました。昼でも夜でもおかまいなしです。とても情熱的でした」

小野博士はいくらかテレたらしく横をむいて、

「いや、この人もすごいんだ。いつも本番なんだ。体が衰弱しやしないかとぼくは一層心配するんだ」

「オオガスムがくるのかね」

「婆やがあとで洗濯《せんたく》するんで往生してるんだ」

「そりゃいかんなア。質屋の若旦那はいくらおどかしてもやめないでとうとう半年でまいったよ。こういうインテリはなお困るな。マイクロウェーブなんか研究してもだめだね。いっそこうなると催眠療法しかないんだがちょっと暗示がかからんからね」

「だめかねえ。困ったねえ」

「とても尋常なことじゃだめだよ。オオガスムがおこるときの顔をしてみせるがありゃもうリッパな妄想狂だよ。死んだ人の印象をかたるのが非常に的確で、立体的だもの。なまじっかな作家より描写がうまいものね」

川崎さんは今年の夏すぎまで生きていたが台風の晩に、細君の名をよびつづけながら狭心症みたいに死んだ。ぼくは参考のためにシャツを一枚もらってきたが、確かに唇のシワが絵のように残っている。紅色がみえるのはぼくがイカレているからだろう。

◉解説――

「視る人」の心霊実話

東　雅夫

怪談系の古典的名著を、折にふれ復刊している河出書房新社のラインナップに、このほど衝撃的な一冊が加わることになった。

そう、長田幹彦の本書――河出文庫化に際して『霊界――五十年の記録』と改題された（大法輪閣から一九五九年十二月に刊行された初版タイトルは『霊界五十年』だった）本文庫である。

とはいえ今日、著者の名を聞いて、すぐに「ああ、それ！」とピンと来る向きは少数派に属すると思われるので、まずは『日本近代文学大事典』（講談社）の項目（遠藤祐氏が執筆）を参考にしつつ、長田のプロフィールを紹介しておこう。

長田幹彦（一八八七～一九六四）は、明治二十年三月、東京の飯田町に生まれた。劇作家として著名な長田秀雄は、二歳年長の実兄にあたる。父の足穂は熊本県隈府出身の医師で、歌人・国学者の祖父は神官という文人系の家柄だった。

中学時代から小説類を耽読、早大予科から英文科に進み、新詩社の社友となって、明治四十年、「明星」誌上で作家デビューを果たす。翌年、北原白秋や木下杢太郎、兄の秀雄と共に「スバル」に移り、「パンの会」などにも関与することになる。

明治末年、学業を放棄して東北から北海道へ渡った幹彦は、炭鉱夫や旅役者の一座に身を投じたりして、放蕩流浪の数年間を送る。このときの体験をもとに発表された小説「澪」と「零落」によって、幹彦の文名は一躍上がり、大正から昭和前期にかけて「花柳小説」を得意とする流行作家の一員として名を成すが（「祇園小唄」ほか多くの流行歌の作詞も手掛けている）、一方で「「放蕩文学」の撲滅」（赤木桁平）などの厳しい批判にも曝された。

ちなみに幹彦は、早大卒業後の一時期、今度は京阪方面を放浪し、花柳小説の暁星・谷崎潤一郎と共に京都木屋町の宿に長逗留、谷崎のパトロンたちの金で祇園の茶屋に遊んでは、可憐な舞妓たちとも浮名を流したとか。その一端は代表作のひとつ『祇園』などに活写され、これまた当時の大衆の嗜好に合致して、大いに話題を呼ぶこととなった。

随筆集『文豪の素顔』（一九五三）には、藤村や鷗外から、幹彦が師と仰ぐ泉鏡花や潤一郎まで、七人の文豪たちの愉快で意外な酔態がおおらかに活写されていて、実に興味深い書物である（同書は、私が最初に読んだ幹彦作品でもあった）。

そんな長田幹彦が、幼少期から一貫して関心を抱きつづけていたのが、「心霊」や「死後の世界」への飽くなき探究心――底深い憧憬と畏怖の念であった。本書中でも再々ふれられているように、幹彦は、霊をまざまざと「視る人」であり、精彩に富んだ筆致で微細に描写される、心霊出現の際の異様な緊張感や、ナマナマしい恐怖感には、一読、圧倒されざるをえないものがある。その一方で、本書前半に描かれる、自らの過失で死なせてしまった弟の霊にまつわる哀切なくだりなど、涙なくしては読めないだろう。

とりわけ一九五〇年代、仏教雑誌の「大法輪」が再々、〈心霊〉関係の特集を組むようになってからは、幹彦は朗読家の徳川夢声や民俗学者の池田彌三郎ら「おばけずき」の同輩と共に、親しく誌面に登場し、大いに健筆をふるった（その模様の一端は、かつて拙編著『私は幽霊を見た――現代怪談実話傑作選』〔二〇一二〕にまとめたし、それより何より、本書一二二頁あたりから始まる、皆さま先刻お馴染み（!?）「田中河内介」にまつわる奇譚のくだりにも明らかだろう！）。

僧侶や科学者など、ともすればお堅い顔ぶれの執筆者が多いなか、流行作家である幹彦のこなれた文章は、読み手の胸奥に深々と迫る、得がたい魅力があった。

本書を筆頭に、その序章を成す『霊界』（一九五三）や、『私の心霊術』（五五）などの心霊的自伝類や、特異な小説集『幽霊インタービュー』（五二）一巻にまとめられた幹彦の心霊関連の文章は、読む者をして慄然たらしめる、ひたひたとした筆致といい、また『幽霊インタービュー』収録の「小唄供養」などに顕著な、東京大空襲時の吉原が見舞われた地獄絵図の克明な描写の大迫力など、貴重な戦時下のドキュメントとしても、一読、忘れがたいものがある。なお、長田作品の顕彰に大きく貢献した紀田順一郎氏は『現代怪奇小説集　第二巻』（立風書房）の解題で『幽霊インタービュー』にふれて、「当時の心霊学流行を反映する書物としても興味ぶかい。この分野に深く関わった作家として、ドイルと双璧をなす存在といえる」と、高い評価を与えている。

本書が大いに売れて、それらの類書が次々と復刊されることで、戦中・戦後まもない時期の、知られざる心霊研究事情が明らかとなることを、願わずにはいられない。

（文芸評論家・アンソロジスト）

＊本文庫は、長田幹彦著『霊界五十年』（大法輪閣、一九五九年十二月刊）を改題したものである。

霊《れい》界《かい》 五十年《ごじゅうねん》の記録《きろく》

二〇二四年 六 月一〇日 初版印刷
二〇二四年 六 月二〇日 初版発行

著 者 長田《ながた》幹彦《みきひこ》
発行者 小野寺優
発行所 株式会社河出書房新社
〒一六二-八五四四
東京都新宿区東五軒町二-一三
電話〇三-三四〇四-八六一一（編集）
〇三-三四〇四-一二〇一（営業）
https://www.kawade.co.jp/

ロゴ・表紙デザイン 粟津潔
本文フォーマット 佐々木暁
本文組版 有限会社マーリンクレイン
印刷・製本 中央精版印刷株式会社

Printed in Japan ISBN978-4-309-42111-7

実話怪談　でる場所

川奈まり子　41697-7

著者初めての実話怪談集の文庫化。実際に遭遇した場所も記述。個人の体験や、仕事仲間との体験など。分身もの、事故物件ものも充実。書くべくして書かれた全編恐怖の28話。

日本怪談集　奇妙な場所

種村季弘〔編〕　41674-8

妻子の体が半分になって死んでしまう家、尻子玉を奪いあう河童……、日本文学史に残る怪談の中から新旧の傑作だけを選りすぐった怪談アンソロジーが、新装版として復刊！

日本怪談集　取り憑く霊

種村季弘〔編〕　41675-5

江戸川乱歩、芥川龍之介、三島由紀夫、藤沢周平、小松左京など、錚々たる作家たちの傑作短篇を収録。科学では説明のつかない、掛け値なしに怖い究極の怪談アンソロジーが、新装版として復刊！

見た人の怪談集

岡本綺堂 他　41450-8

もっとも怖い話を収集。綺堂「停車場の少女」、八雲「日本海に沿うて」、橘外男「蒲団」、池田彌三郎「異説田中河内介」など全十五話。

世界怪談名作集　信号手・貸家ほか五篇

岡本綺堂〔編訳〕　46769-6

綺堂の名訳で贈る、古今東西の名作怪談短篇集。ディッケンズ「信号手」、リットン「貸家」、ゴーチェ「クラリモンド」、ホーソーン「ラッパチーニの娘」他全七篇。『世界怪談名作集　上』の改題復刊。

世界怪談名作集　北極星号の船長ほか九篇

岡本綺堂〔編訳〕　46770-2

綺堂の名訳で贈る、古今東西の名作怪談短篇集。ホフマン「廃宅」、クラウフォード「上床」、モーパッサン「幽霊」、マクドナルド「鏡中の美女」他全十篇。『世界怪談名作集　下』の改題復刊。

エドワード・ゴーリーが愛する12の怪談　憑かれた鏡

ディケンズ／ストーカー他　E・ゴーリー〔編〕　柴田元幸他〔訳〕　46374-2

典型的な幽霊屋敷ものから、悪趣味ギリギリの犯罪もの、秘術を上手く料理したミステリまで、奇才が選りすぐった怪奇小説アンソロジー。全収録作品に描き下ろし挿絵が付いた決定版！　解説＝濱中利信

イギリス怪談集

由良君美〔編〕　46491-6

居住者が次々と死ぬ家、宿泊者が連続して身投げする蒸気船の客室、幽霊屋敷で見つかった化物の正体とは——。怪談の本場イギリスから傑作だけを選んだアンソロジーが新装版として復刊！

中国怪談集

中野美代子／武田雅哉〔編〕　46492-3

人肉食、ゾンビ、神童が書いた宇宙図鑑、中華マジックリアリズムの代表作、中国共産党の機関誌記事、そして『阿Q正伝』。怪談の概念を超越した、他に類を見ない圧倒的な奇書が遂に復刊！

アメリカ怪談集

荒俣宏〔編〕　46702-3

ホーソーン、ラヴクラフト、ルイス、ポオ、ブラッドベリ、など、開拓と都市の暗黒からうまれた妖しい魅力にあふれたアメリカ文学のエッセンスを荒俣宏がセレクトした究極の怪異譚集、待望の復刊。

ドイツ怪談集

種村季弘〔編〕　46713-9

窓辺に美女が立つ廃屋の秘密、死んだはずの男が歩き回る村、知らない男が写りこんだ家族写真、死の気配に覆われた宿屋……黒死病の記憶のいまだ失せぬドイツで紡がれた、暗黒と幻想の傑作怪談集。新装版。

ラテンアメリカ怪談集

ホルへ・ルイス・ボルヘス他　鼓直〔編〕　46452-7

巨匠ボルヘスをはじめ、コルタサル、パスなど、錚々たる作家たちが贈る恐ろしい15の短篇小説集。ラテンアメリカ特有の「幻想小説」を底流に、怪奇、魔術、宗教など強烈な個性が色濃く滲む作品集。

フランス怪談集

日影丈吉〔編〕　46715-3

奇妙な風習のある村、不気味なヴィーナス像、死霊に憑かれた僧侶、ミイラを作る女たち……。フランスを代表する短編の名手たちの、怪奇とサスペンスに満ちた怪談を集めた、傑作豪華アンソロジー。

東欧怪談集

沼野充義〔編〕　46724-5

西方的形式と東方的混沌の間に生まれた、未体験の怪奇幻想の世界へようこそ。チェコ、ハンガリー、マケドニア、ルーマニア……の各国の怪作を、原語から直訳。極上の文庫オリジナル・アンソロジー！

ロシア怪談集

沼野充義〔編〕　46701-6

急死した若い娘の祈禱を命じられた神学生。夜の教会に閉じ込められた彼の前で、死人が棺から立ち上がり……ゴーゴリ「ヴィイ」ほか、ドストエフスキー、チェーホフ、ナボコフら文豪たちが描く極限の恐怖。

日本怪談実話〈全〉

田中貢太郎　41969-5

怪談実話の先駆者にして第一人者の田中貢太郎の代表作の文庫化。実名も登場。「御紋章の異光」「佐倉連隊の怪異」「三原山紀行」「飯坂温泉の怪異」「松井須磨子の写真」など全234話。解説・川奈まり子

戦前のこわい話〈増補版〉

志村有弘〔編〕　41971-8

明治から戦前までにあった、怪談実話、不可解な物語、猟奇事件を生々しく伝える、怪奇と恐怖の実話アンソロジー。都会や村の民間伝承に取材した怖ろしい話。2009年版に、山之口貘「無銭宿」を増補。

怖い橋の物語

中野京子　41654-0

橋は異なる世界をつなぎ、様々な物語を引き寄せる。奇妙な橋、血みどろの橋、あっと驚くような橋……世界各地の実在の橋、お話の中の橋、描かれた橋などを興味深くちょっぴり怖いエピソードとともに紹介。

知れば恐ろしい 日本人の風習

千葉公慈　41453-9

日本人は何を恐れ、その恐怖といかに付き合ってきたのか?!　しきたりや年中行事、わらべ唄や昔話……風習に秘められたミステリーを解き明かしながら、日本人のメンタリティーを読み解く書。

日本迷信集

今野圓輔　41850-6

精霊送りに胡瓜が使われる理由、火の玉の正体、死を告げるカラスの謎……“黒い習俗”といわれる日本人のタブーに対して、民俗学者の視点からメスを入れた、日本の迷信集記録。

禁忌習俗事典

柳田国男　41804-9

「忌む」とはどういう感情か。ここに死穢と差別の根原がある。日本各地からタブーに関する不気味な言葉、恐ろしい言葉、不思議な言葉、奇妙な言葉を集め、解説した読める民俗事典。全集未収録。

葬送習俗事典

柳田国男　41823-0

『禁忌習俗事典』の姉妹篇となる１冊。埋葬地から帰るときはあとを振り返ってはいけない、死家と飲食の火を共有してはいけないなど、全国各地に伝わる風習を克明に網羅。全集未収録。葬儀関係者に必携。

屋根裏に誰かいるんですよ。

春日武彦　41926-8

孤独な一人暮らしを続けている老人などに、自分の部屋に誰かが住んでいるかの妄想にとらわれる「幻の同居人」妄想という症状が現れることがある。屋内の闇に秘められた心の闇をあぶりだす、名著の文庫化。

お稲荷さんと霊能者

内藤憲吾　41840-7

最後の本物の巫女でありイタコの一人だった「オダイ」を15年にわたり観察し、交流した貴重な記録。神と話し予言をするなど、次々と驚くべき現象が起こる、稲荷信仰の驚愕の報告。

陰陽師とはなにか

沖浦和光　41512-3

陰陽師は平安貴族の安倍晴明のような存在ばかりではなかった。各地に、差別され、占いや呪術、放浪芸に従事した賤民がいた。彼らの実態を明らかにする。

神に追われて　沖縄の憑依民俗学

谷川健一　41866-7

沖縄で神に取り憑かれた人をカンカカリアという。それはどこまでも神が追いかけてきて解放されない厳しい神懸かりだ。沖縄民俗学の権威が実地に取材した異色の新潮社ノンフィクション、初めての文庫化。

隠された神々

吉野裕子　41330-3

古代、太陽の運行に基き神を東西軸においた日本の信仰。だが白鳳期、星の信仰である中国の陰陽五行の影響により、日本の神々は突如、南北軸へ移行する……吉野民俗学の最良の入門書。

四天王寺の鷹

谷川健一　41859-9

四天王寺は聖徳太子を祀って建立されたが、なぜか政敵の物部守屋も祀っている。守屋が化身した鷹を追って、秦氏、金属民、良弁と大仏、放浪芸能民と猿楽の謎を解く、谷川民俗学の到達点。

辺境を歩いた人々

宮本常一　41619-9

江戸後期から戦前まで、辺境を民俗調査した、民俗学の先駆者とも言える四人の先達の仕事と生涯。千島、蝦夷地から沖縄、先島諸島まで。近藤富蔵、菅江真澄、松浦武四郎、笹森儀助。

海に生きる人びと

宮本常一　41383-9

宮本常一の傑作『山に生きる人びと』と対をなす、日本人の祖先・海人たちの移動と定着の歴史と民俗。海の民の漁撈、航海、村作り、信仰の記録。

山に生きる人びと

宮本常一　41115-6

サンカやマタギや木地師など、かつて山に暮らした漂泊民の実態を探訪・調査した、宮本常一の代表作初文庫化。もう一つの「忘れられた日本人」とも。没後三十年記念。

生きていく民俗　生業の推移

宮本常一　41163-7

人間と職業との関わりは、現代に到るまでどういうふうに移り変わってきたか。人が働き、暮らし、生きていく姿を徹底したフィールド調査の中で追った、民俗学決定版。

性・差別・民俗

赤松啓介　41527-7

夜這いなどの村落社会の性民俗、祭りなどの実際から部落差別の実際を描く。柳田民俗学が避けた非常民の民俗学の実践の金字塔。

被差別部落とは何か

喜田貞吉　41685-4

民俗学・被差別部落研究の泰斗がまとめた『民族と歴史』２巻１号の「特殊部落研究号」の、新字新仮名による完全復刻の文庫化。部落史研究に欠かせない記念碑的著作。

部落史入門

塩見鮮一郎　41430-0

被差別部落の誕生から歴史を解説した的確な入門書は以外に少ない。過去の歴史的な先駆文献も検証しながら、もっとも適任の著者がわかりやすくまとめる名著。

異形にされた人たち

塩見鮮一郎　40943-6

差別・被差別問題に関心を持つとき、避けて通れない考察をここにそろえる。サンカ、弾左衛門から、別所、俘囚、東光寺まで。近代の目はかつて差別された人々を「異形の人」として、「再発見」する。

弾左衛門と車善七

塩見鮮一郎　41984-8

2008年刊の『弾左衛門とその時代』『江戸の非人頭車善七』を合わせて1冊に。江戸以前から明治維新までの被差別民支配の構造が、1冊でより明解に。今なお最高の入門書。弾左衛門年表を新たに付す。

貧民の帝都

塩見鮮一郎　41818-6

明治維新の変革の中も、市中に溢れる貧民を前に、政府はなす術もなかった。首都東京は一大暗黒スラム街でもあった。そこに、渋沢栄一が中心になり、東京養育院が創設される。貧民たちと養育院のその後は…

日本の聖と賤　中世篇

野間宏／沖浦和光　41420-1

古代から中世に到る賤民の歴史を跡づけ、日本文化の地下伏流をなす被差別民の実像と文化の意味を、聖なるイメージ、天皇制との関わりの中で語りあう、両先達ならではの書。

天皇と賤民の国

沖浦和光　41667-0

日本列島にやってきた先住民族と、彼らを制圧したヤマト王朝の形成史の二つを軸に、日本単一民族論を批判しつつ、天皇制、賤民史、部落問題を考察。増補新版。

応神天皇の正体

関裕二　41507-9

古代史の謎を解き明かすには、応神天皇の秘密を解かねばならない。日本各地で八幡神として祀られる応神が、どういう存在であったかを解き明かす、渾身の本格論考。

日本書紀が抹殺した　古代史謎の真相

関裕二　41771-4

日本書紀は矛盾だらけといわれている。それは、ヤマト建国の真相を隠すために歴史を改竄したからだ。書記の不可解なポイントを30挙げ、その謎を解くことでヤマト建国の歴史と天皇の正体を解き明かす。